Philippe Kellermann [Hg.]

Anarchismus
Marxismus
Emanzipation

Gespräche über die Geschichte und Gegenwart
der sozialistischen Bewegungen

1. Auflage: April 2012

© Philippe Kellermann
Umschlaggestaltung: Findus
Gestaltung und Satz: Die Buchmacherei
Lektorat: Rainer Knirsch
Druck: Strauss Druck GmbH Mörlenbach

Die Buchmacherei
Postfach 61 30 46
10964 Berlin
Tel: 030 / 81 85 77 59
Fax: 03212 - 103 29 81
Mail: diebuchmacherei@gmx.net
URL: www.diebuchmacherei.de

ISBN 978-3-00-037820-1

Philippe Kellermann [Hg.]

Anarchismus
Marxismus
Emanzipation

Gespräche über die Geschichte
und Gegenwart der
sozialistischen Bewegungen

Inhalt

7   Philippe Kellermann: Vorwort

11 Bini Adamczak: Dekonstruktion von Anarchismus
    und Kommunismus

43 Jochen Gester: Der schwierige Prozess von
    Selbstermächtigung und Selbstorganisation

71 Gerhard Hanloser: Soziale Befreiung und die
    Schwierigkeit mit der Notwendigkeit

105 Joachim Hirsch: Vereinfachte Emanzipationskonzepte
    der Vergangenheit hinter sich lassen

129 Hendrik Wallat: Auf dem Weg zur Freiheit des
    Nichtidentischen

Vorwort

„Es stimmt, dass es zwei große ideologische Familien gab, die sich niemals richtig verständigen konnten; auf der einen Seite die Anarchisten, auf der anderen die Marxisten."

Michel Foucault (1981)

Wem wäre diese Binsenweisheit, die Foucault hier von sich gibt, nicht bekannt? Jede/r, die/der sich ein wenig mit der Geschichte der sozialistischen Bewegung(en) beschäftigt, wird früher oder später auf die Auseinandersetzungen jener beiden „großen ideologischen Familien" stoßen. Nicht übertrieben dürfte es sein, anzumerken, dass sich Forschung und linke Politik – vor allem in Deutschland – dabei zumeist mit der (eher) marxistischen Bewegung und deren Theorie auseinandergesetzt haben. Auch gegenwärtig lässt sich nicht unbedingt ein großes Interesse – dies allerdings im Einklang mit einer wohl generelleren Geschichtsvergessenheit – an der Geschichte anarchistischen Denkens und anarchistischer Praxis erkennen. Dies erscheint erstaunlich, wenn man bedenkt, dass von manchem ein enormer Aufschwung des Anarchismus diagnostiziert wird. „Die anarchistische Bewegung", so beispielsweise Gabriel Kuhn, „hat international in den letzten zehn Jahren eine Stärke erreicht, die ihr seit dem frühen 20.Jahrhundert nicht mehr zugekommen ist."[1] Ist es aber wirklich so, dass für diese neue, erstarkende Bewegung „die alte sture Feindschaft gegen den Marxismus" tatsächlich „keine Rolle mehr spielt", wie Holloway unlängst vermutete[2]? Wenn ja, bedeutet dies, dass sich AnarchistInnen und MarxistInnen heute also durchaus verständigen könnten? Und dies umso problemloser, als der bis in „bürgerliche" Blätter hineinreichende Rückgriff auf einen unhistorisch gefassten Kapitalismuskritiker Marx, nichts mehr von jenem Marx erkennen lässt, der als Protagonist in der Geschichte der sozialistischen Bewegung(en) und als Heiligenbild ihm folgender KommunistInnen von anarchistischer Seite immer wieder vehement angegriffen wur-

---

[1] Gabriel Kuhn: ‚Anarchismus im 21.Jahrhundert? Herausforderungen, Möglichkeiten, Perspektiven', in: ders. *Vielfalt, Bewegung, Widerstand. Texte zum Anarchismus.* Münster, 2009. S.129-141. Hier: S.129.

[2] John Holloway: *Kapitalismus aufbrechen.* Münster, 2010. S.185.

de? Ist vor diesem Hintergrund das Desinteresse an der Geschichte der sozialistischen Bewegung(en) vielleicht sogar begrüßenswert, insofern das Vergessen (oder Nichterinnern) dieser Geschichte die Chance zu einem gelasseneren Umgang miteinander überhaupt erst ermöglicht?[3] Würde man mit dem Hinweis auf die Geschichte vielleicht sogar überhaupt erst jenen Dualismus in die bestehenden emanzipatorischen Bewegungen hineintragen und damit unnötig Unruhe und Zwist stiften?

Ich fühle mich zugegebenermaßen nicht kompetent, solche Fragen zu beantworten, zumal sich vom Schreibtisch aus – abseits der Ereignisse – nicht allzu gut über die Bedürfnisse von Bewegung(en) räsonieren lässt. Für mich bleibt die Geschichte der sozialistischen Bewegung(en) von Bedeutung und hierbei besonders die Geschichte anarchistischen Denkens und libertärer Praxen. Nicht zuletzt deshalb, weil auch in einer, anarchistischem Denken und anarchistischen Praxisformen weitgehend aufgeschlossen gegenüberstehenden Gegenwart, diese als solche kaum zur Kenntnis genommen und historisch in ihr Recht gesetzt werden. Solcherart Geschichtsvergessenheit scheint mir dabei – ich habe das auf recht polemische Art und Weise an anderer Stelle zu zeigen versucht[4] – vor allem in gegenwärtigen marxistischen Arbeiten immer wieder nachweisbar.

Vor diesem Hintergrund entstand die Idee einen Gesprächsband mit sich explizit marxistisch verstehenden AutorInnen zu realisieren – diesen dabei einmal nicht in der Form monologisierender Polemik entgegenzutreten, sondern im Versuch um einen vielleicht konstruktiven Dialog. Dieses Unternehmen konnte leider nicht realisiert werden. Stattdessen aber gelang es fünf AutorInnen für einen Gedankenaustausch zu gewinnen, die jenseits von Bekenntnissen zu „Parteizugehörigkeiten" einiges Interessantes mitzuteilen haben.

Es bleibt zu hoffen, dass auch dem/der Leser/in bei der Lektüre die-

---

[3] Hierzu Christian Meier: *Das Gebot zu vergessen und die Unabweisbarkeit des Erinnerns. Vom öffentlichen Umgang mit schlimmer Vergangenheit*. München, 2010, der sich mit solchen Fragen – wenngleich nicht bezogen auf die Geschichte der Linken – auseinandersetzt.

[4] Philippe Kellermann: *Marxistische Geschichtslosigkeit. Von Verdrängung, Unwissenheit und Denunziation. Die (Nicht-)Rezeption des Anarchismus im zeitgenössischen Marxismus*. Lich, 2011.

ser schriftlich geführten Gespräche Anregungen für's eigene Denken und die eigene Praxis vermittelt werden können und schließlich auch eine Ahnung davon, dass die Frage- und Problemstellungen, welche sich seit über einem Jahrhundert mit dem Konflikt zwischen anarchistischem und marxistischem Denken verbinden, nach wie vor in mancher Hinsicht Geltung besitzen und zu Diskussionen Anlass geben.[5] Sollte das vorliegende Buch ein wenig dazu beitragen, dass Letztere künftig (historisch-)fundierter verhandelt werden, ist das Ziel des Herausgebers erreicht, der im Übrigen nach wir vor nicht davon überzeugt werden konnte, dass *Straight Edge* cooler als *Punk* ist (Hallo Gabriel!).

Da das Buch ursprünglich an einem anderen Ort erscheinen sollte, habe ich Jochen und Rainer vom Verlag „Die Buchmacherei" ganz herzlich für die kurzfristig nötig gewordene Hilfe und Mitarbeit bei der Veröffentlichung zu danken. Zu danken habe ich außerdem Findus für seine schönen Portraitzeichnungen und das Cover, sowie meinen freundlichen GesprächsteilnehmerInnen für ihre Geduld und Zeit.

Philippe Kellermann

---

[5] Geführt wurden die vorliegenden Gespräche per E-Mail im Zeitraum Spätsommer 2011 bis Januar 2012.

Dekonstruktion von Anarchismus und Kommunismus

Bini Adamczak über die verlorene Unschuld des
19. Jahrhunderts, die Hilflosigkeit gegenüber der Zukunft
und die Nichtidentität der Revolution

Bini Adamczak

ist unter anderem Autorin (Kommunismus. Kleine Geschichte, wie endlich alles anders wird, Münster, 2004; Gestern Morgen. Über die Einsamkeit kommunistischer Gespenster und die Rekonstruktion der Zukunft, Münster, 2007; Theorie der polysexuellen Ökonomie. Grundrisse, Frankfurt am Main, 2005), Performerin (mit Andcompany&Co – Little red (play): herstory, Amsterdam, 2006; Timerepublic, Graz, 2007), bildende Künstlerin (Perverser Universalismus, Wien, 2006; 13 Ways Not to Be Meant, Wien, 2011) und träumt, wie wohl so viele Mädchen dieser Branche, öfter davon, mal was ›Richtiges‹ zu machen, Revolution zum Beispiel oder ›was mit den Händen‹.

Philippe Kellermann: In deinem Buch *Gestern Morgen*, in dem du dich mit der Geschichte der Sowjetunion zwischen den Jahren 1917 und 1945 auseinandersetzt, sprichst du das Buch *Gestohlenes Leben* von Susanne Leonhard an. In diesem heißt es: „Mochte Engels noch so sehr gegen die ‚Antiautoritarier' gewettert haben, man sollte sich einmal in die Gedanken dieser ‚Autonomisten' vertiefen, sollte die alten Gegner des ‚Bismarxismus' und aller etatistischen Bestrebungen studieren, vielleicht auch den englischen Gildensozialismus – und was weiß ich noch – ausgraben, und sich von den Programmschriften der russischen Oppositionellen, wie Schlapnikow, anregen lassen. Es ist niemals zu spät, Neues über den Weg zu einer besseren Zukunft der Menschheit zu erlernen, und keiner ist zu alt, an der Verwirklichung des Sozialismus mitzuhelfen."[1] Wieso spielt in *Gestern Morgen* der Anarchismus und vor allem, der russische Anarchismus keine Rolle?

Bini Adamczak: Die Frage von *Gestern Morgen* lautet ja nicht, mit Hilfe welcher Programmschriften sich Neues über den Weg zu einer besseren Zukunft der Menschheit erlernen lässt, sondern welcher Umgang mit den tatsächlich begangenen Wegen gefunden werden kann, die in eine bessere Zukunft hätten führen sollen, aber in eine schlechte Gegenwart und Vergangenheit mündeten. Das ist eine ungewohnte Übung, zumindest gemessen an der politischen Sozialisation, aus der ich hervorgegangen bin. Denn in den Erzählungen, Liedern und Parolen, die diese bestimmten, standen wir, die Linken, auf einer sichereren Seite. Wir waren Klaus Kordons aufrechte Antifaschistinnen und die *Unidad Popular* Chiles, wir waren die „Internationalen Brigaden" aus Orwells Spanien und natürlich die revolutionären Matrosen im Kronstadt des Jahres 1921. Kurz, wir waren, trotz der leichten Ironie, mit der das auf Demonstrationen kundgegeben wurde, die Guten. Dass die Welt nicht so aussah, wie wir sie uns wünschten, dass unsere offenkundig überlegene Politik historisch nicht zum Erfolg geführt hatte, lag an der Übermacht und Hinterhältigkeit des Gegners oder an der ideologischen Ignoranz der Massen. Wo Fehler auf der eigenen Seite verortet wurden, waren sie taktischer Natur oder ließen sich im moralischen Vokabular

---

1 Susanne Leonhard: *Gestohlenes Leben*. Frankfurt am Main, 1956. S.793.

von Lüge und Verrat beschreiben und bannen. Und darin steckt auch viel geschichtliche Wahrheit. *Gestern Morgen* aber wählt eine andere Perspektive. Es fokussiert nicht auf die Niederlage, sondern auf das Scheitern der Revolution, und das stößt dieser nicht, nicht hauptsächlich oder zumindest nicht unmittelbar von außen zu. Folglich sind es auch nicht die Anderen – kapitalistische Konterrevolutionäre – die dafür die Verantwortung tragen. Denn die Revolution kann überhaupt nur scheitern, wenn sie siegreich war, ihr Sieg ist die Vorbedingung ihres Misserfolgs. Das macht die Schwere des Problems aus, das sich mit dem Stalinismus stellt. Auch wenn sich kein Punkt benennen lässt, an dem eine ursprünglich intakte Revolution korrumpiert worden wäre, auch wenn die Revolution von Anfang an, schon in ihrer Idee, von autoritären Momenten durchsetzt war, so gleicht die stalinistische Sowjetunion des Jahres 1937 doch in beinahe nichts dem Traum von jener Welt, die die Revolutionärinnen 1917 verwirklichen wollten. Die Frage, die sich stellt, lautet also, wie der Versuch einer welthistorischen Befreiung in grausame Herrschaft umschlagen konnte. Eine Frage, von der ich meine, dass sie in dieser Form überhaupt erst durch den Untergang der Sowjetunion 1990f. ermöglicht wurde.

Die Rede von einem Scheitern der Revolution setzt jedoch einen kritischen Maßstab voraus, das Bild eines möglichen Gelingens, an dem sich dieses Scheitern zu erkennen gibt. Und es wäre unaufrichtig wollte ich behaupten, dass dieser Maßstab in *Gestern Morgen* ausschließlich immanent ist, dass er sich ausschließlich aus den Träumen der Akteure der Russischen Revolution speiste, deren Enttäuschung das Buch folgt. Aber woher stammt dann das unausgewiesene Bild der Emanzipation, welches mir erlaubt, an verschiedenen historischen Stationen ohne zu zögern auszurufen: „Nein, das ist nicht der Kommunismus"? Wenn ich versuche, mir hierüber Rechenschaft abzulegen, stoße ich auf linke Traditionen, die in der Russischen Revolution nur eine marginale Rolle spielten, aber später, gerade auch vermittels der Kritik an den Ergebnissen des Sowjetsozialismus, dominanter wurden. Es handelt sich um die Traditionen des Antiautoritarismus, der Staatskritik, des Spontaneismus, der Autonomie, die von 1968 an die radikale Linke stärker als zuvor prägten und bis in jene deutsche Kleinstadt der neunziger Jahre reichten, in der ich mich politisierte – worauf das Nachwort anspielt.[2] In ihnen wurden Momente der anarchistischen Bewegung gegen den erstarrten Parteikommunismus reaktualisiert, insofern blieb Susanne Leonhards Plädoyer von 1956 nicht ungehört. In dieser Hinsicht, als Maßstab der Kritik spielt der Anarchismus seine wichtigste Rolle in *Gestern Morgen*. Sie ist noch bedeutsamer als die Auseinandersetzung mit den Erinnerungen Victor Serges, der als Anarchist ins revolutionäre Russland kam oder mit Nestor Machno, dem einflussreichsten Anarchisten der Bürgerkriegszeit, der von den Bolschewiki verraten wurde, nachdem er die Konterrevolution erfolgreich zurückgeschlagen hatte und dessen für Anarchistinnen ungewöhnlich konsequente Bekämpfung des Antisemitismus in *Gestern Morgen* explizit hervorgehoben wird.

Zugleich aber geht es in dem Buch nicht darum, die Geschichte des Scheiterns des Kommunismus lediglich fatalistisch zu rekonstruieren, sondern sie auch immer wieder – kontrafaktisch, antihistorisch – mit der Gegengeschichte eines möglichen Gelingens der Revolution zu konfrontieren. Mit der Potentialität eines Auswegs aus dieser wirklichen Tragödie. Es ist kein Zufall, dass hierbei dem Aufstand von Kronstadt die größte Bedeutung zukommt, jener keineswegs anarchistische Aufstand von Kronstadt, der versuchte die Revolution gegen die Parteidiktatur zu retten und dessen Niederschlagung die Anarchistinnen Emma Goldman und Alexander Berkman allererst von kritischen Verbündeten zu Gegnerinnen des Bolschewismus machte und mehrere Jahre später zum Bruch Serges mit Trotzki führte. Genau hier, in der Suche nach anderen möglichen geschichtlichen Auswegen, nach alternativen Ausgängen der Revolution, hätten die anarchistischen wie auch rätekommunistischen und andere minoritäre Strömungen aber eine größere Rolle in *Gestern Morgen* spielen können und sollen. Dass sie es nicht tun ist eine von vielen Lücken des Textes, bestimmt eine der bedeutenderen.

PHILIPPE KELLERMANN: Vielleicht war mein Hinweis auf Susanne Leonhard ein wenig irreführend, denn du erwähnst zu Recht, dass es nicht die „Frage von *Gestern Morgen*" sei, „mit Hilfe welcher Programmschriften

---

2 Bini Adamczak: *Gestern Morgen. Über die Einsamkeit kommunistischer Gespenster und die Rekonstruktion der Zukunft*. Münster, 2007. S.153.

sich Neues über den Weg zu einer besseren Zukunft der Menschheit" erlernen lasse. Worauf ich mit meiner Frage vor allem abzielte, ist, dass die Berücksichtigung der anarchistischen Literatur zu den Bolschewiki – gerade auch der russischen –, ein grundsätzlich anderes Verständnis der Russischen Revolution ermöglicht. Denn dort wird u.a. eine erste zentrale Frage immer wieder zum Thema gemacht, nämlich: Sind Bolschewiki und Russische Revolution deckungsgleich? Der überwiegende Großteil der Linken scheint das zu meinen – wiederholt also, aus anarchistischer Sicht, den Fehler die „Kommunistische Partei Russlands mit der russischen Revolution [zu] verwechseln"[3] – und sucht davon ausgehend nach dem Punkt, an dem die Revolution und d.h. die Bolschewiki „pervertiert" wären. Die anarchistische Perspektive hingegen sieht in den Bolschewiki selbst das Problem und zwar von Anfang an. Ich verweise nur auf die anarchistische Zeitung *Golos Truda*, die Ende 1917 warnte: „Insofern, als wir der Losung ,*alle Macht den Sowjets*' einen ganz anderen Sinn beimessen als unserer Meinung nach die bolschewistische sozialdemokratische Partei, die, von den Ereignissen zur Führung der Bewegung berufen ist; insofern, als wir nicht an weite Perspektiven der Revolution glauben, die mit einem *politischen Akt*, nämlich der Machtübernahme beginnt; insofern als wir jede Organisation der Massen für politische Ziele unter dem Einfluss einer politischen Partei negativ beurteilen; insofern schließlich, als wir eine völlig andere Vorstellung sowohl vom Beginn, wie vom weiteren Verlauf einer wahren Sozialen Revolution haben, beurteilen wir die gegenwärtige Bewegung *negativ*. (…) Dennoch werden wir als Anarchisten, wenn die Aktion der Massen beginnt, mit der größten Energie daran teilnehmen. Wir können uns nicht abseits der revolutionären Massen stellen, selbst wenn sie weder unserem Weg noch unseren Ap[p]ellen folgen und selbst wenn wir den Misserfolg der Bewegung voraussehen. Wir vergessen nie, dass es unmöglich ist, den Weg und den Ausgang einer Massenbewegung im voraus zu bestimmen. Folglich erachten wir es als unsere Aufgabe, immer an einer solchen Bewegung teilzunehmen und zu versuchen, ihr *unseren Sinn, unsere Ide-*

---

3   Emma Goldman: ‚Die Ursachen des Niederganges der russischen Revolution' (1922), in: *Der Bolschewismus: Verstaatlichung der Revolution*. Berlin, 1968. S.1-79. Hier: S.10.

ale und unsere Wahrheit zu vermitteln."[4] Vor diesem Hintergrund finde ich deine Gegenüberstellung zwischen „fatalistischer" Rekonstruktion des „Scheiterns" und „der Gegengeschichte eines möglichen Gelingens der Revolution" etwas problematisch. Denn du scheinst die Möglichkeit dieses Gelingens ja durchaus noch im Rahmen der Herrschaft der Bolschewiki für möglich zu halten oder erst mit Kronstadt als erledigt; oder erst mit dem Zusammenbruch des Ostblocks? Aus anarchistischer Sicht finden sich in der Russischen Revolution unzählige größere oder kleinere Ereignisse, die eine solche Perspektive eröffnet haben, die aber jedes Mal durch die Bolschewiki niedergeschlagen wurden. In diesem Sinn befand sich die Russische Revolution im strikten Gegensatz zur politischen Konzeption der Bolschewiki.[5] Auch deine Hinweise auf den „keineswegs anarchistischen Aufstand von Kronstadt" und die ursprünglich mit den Bolschewiki „kritisch Verbündeten" AnarchistInnen Berkman und Goldman verunklart meines Erachtens die Problematik. Mag sich die überwiegende Zahl der KronstädterInnen auch nicht als AnarchistInnen verstanden haben – die aber selbstverständlich als GenossInnen anerkannt wurden, wie die betreffenden Resolutionen zeigen[6] –, so liegt

---

4 *Golos Truda* zitiert nach Volin: *Die unbekannte Revolution*. Band 1 (1947). Hamburg, 1975. S.213.

5 Zu einer solchen Feststellung braucht man kein Anarchist sein. Auch ein wohl „bürgerlicher" Historiker wie Orlando Figes schließt sich dem an, wenn er erklärt: „Es muss betont werden, dass „eines der grundlegendsten Missverständnisse der russischen Revolution (...) darin [besteht], dass die Bolschewiki auf eine Woge von Massenunterstützung für die Partei selbst an die Macht gespült worden seien. Der Oktoberaufstand war ein Staatsstreich, aktiv nur von einer kleinen Minderheit der Bevölkerung unterstützt (und sogar von mehreren Bolschewiki abgelehnt). Doch er fand mitten in einer sozialen Revolution statt, die sich auf die allgemeine Verwirklichung von Rätemacht als Aufhebung des Staates gründete und auf die direkte Selbstverwaltung des Volkes (...) Das politische Vakuum, das durch diese soziale Revolution entstanden war, ermöglichte es den Bolschewiki, in den Städten die Macht zu ergreifen und ihre Diktatur im Herbst und Winter [1917] zu konsolidieren. Die Losung Alle Macht den Räten! war eine nützliche Waffe, ein Banner allgemeiner Legitimation (...) Später, als die wahre Natur bolschewistischer Diktatur deutlich wurde, sah sich die Partei der wachsenden Opposition genau jener Gesellschaftsgruppen ausgesetzt, die 1917 der Rätelosung gefolgt waren." Orlando Figes: *Die Tragödie eines Volkes. Die Epoche der russischen Revolution 1891 bis 1924* (1996). München, 2001. S.486.

6 Siehe z.B. Volin: *Die unbekannte Revolution*. Band 2 (1947). Hamburg, 1976. S.161.

deren Kampf für „die Macht der Sowjets und nicht der Parteien"[7] nichts desto trotz genau jener „Hauptgedanke des Anarchismus" zugrunde, wonach „[k]eine Partei, keine politische oder ideologische Gruppierung, die sich außerhalb oder über die arbeitenden Massen stellt, um sie zu ‚regieren' oder zu ‚führen', (…) es jemals schaffen [wird], die Arbeiterklasse *zu befreien*, selbst wenn sie es wünschen würde"[8]. Und was deine Bemerkung zu Berkman und Goldman angeht, so scheinst du nahe legen zu wollen, dass man bis Kronstadt gerechtfertigterweise an der Seite der Bolschewiki hätte stehen sollen, weil alles offen gewesen wäre. Das verkennt aber nicht nur die schwierige Situation, in der sich Berkman und Goldman befanden,[9] sondern auch, dass beide eben nicht

---

7 Radiobotschaft des Kronstädter Revolutionskomitees: ‚An alle… An alle… An alle…' (1921), in: Volin: *Die unbekannte Revolution*. Band 2 (1947). Hamburg, 1976. S.173.

8 Volin: *Die unbekannte Revolution*. Band 1 (1947). Hamburg, 1975. S.194. Vgl. auch Oskar Anweiler, der meinte: „In jedem Falle waren die von dem linken Flügel der Sozialrevolutionäre und von den Anarchisten vertretenen Forderungen am ehesten geeignet, den tatsächlich vorhandenen Räten zu einer eigenen Ideologie zu verhelfen. In genialer Unbekümmertheit, die bis zur teilweisen Verleugnung seiner alten Grundsätze ging, besorgte Lenin das beim Ausbruch der Revolution von 1917. Die Ziele der äußersten revolutionären Linken von 1905 – ein Staat nach dem Muster der Kommune, die Übereignung der Fabriken an die Arbeiter, die Beseitigung der Beamtenschaft, des Heeres und der Polizei, die Verkündung der Weltrevolution aus dem Osten – wurden von ihm zur Losung der Sowjetmacht zusammengefasst, das anarchistische Programm scheinbar übernahm, um so dem Bolschewismus die Gefolgschaft der Massen zu sichern." Oskar Anweiler: *Die Rätebewegung in Russland 1905-1921*. Leiden, 1958. S.117f.

9 In ihrer Biografie beschreibt Emma Goldman anschaulich die Zerrissenheit, in der sie und Berkman sich befanden. In erster Linie die Problematik, dass „Proteste unsererseits wahrscheinlich keine (…) Wirkung gehabt" hätten, dann die schon in der ausländischen Presse gestreuten Gerüchte, Emma Goldman sehne sich zurück in die USA, folglich die Angst als Konterrevolutionärin dazustehen. Dann aber auch die Schwierigkeit, sich über die grenzenlose Falschheit der Bolschewiki klar zu werden. So berichtet sie von einem Zusammentreffen mit anarchistischen GenossInnen: „Sie sprachen vom Verrat der Bolschewiken an der Revolution, von der Sklaverei, die den Arbeitern aufgezwungen wurde, der Schwächung der Sowjets, der Unterdrückung von Gedanken und Rede, von aufsässigen Bauern, Arbeitern, Soldaten, Matrosen und Rebellen aller Schattierungen, die die Gefängnisse füllten. (…) Die Männer in jenem düsteren Saal mussten verrückt sein, dachte ich. (…) Ich sagte, was ich dachte, doch meine Stimme ging in Hohn und Spottgelächter unter." Emma Goldmann: *Gelebtes Leben* (1931). Hamburg, 2010. Erstes Zitat S.727; zur Pressemeldung S.778; letztes

zu jenen längst kritischen russischen AnarchistInnen gehört haben, die die Beiden immer wieder über den aktuellen Zustand der Situation in Kenntnis zu setzen versuchten. Beispielsweise hat als ein solcher Volin den, u.a. von Berkman und Goldman unterzeichneten Aufruf an Sinowjew, wo letzterer kurz vor der Eskalation der Kronstadtereignisse zur Einsicht bekehrt werden sollte, dahingehend kommentiert, dass diese überhaupt nur in Freiheit belassen wurden, weil sie von den Bolschewiki „für ungefährlich gehalten wurden" und „die naive und vorgebliche Hoffnung" genährt hätten, „sie könnten die Bolschewiki zur Vernunft bringen, indem sie an ihre ‚Genossenpflicht' appellierten": „Die Bolschewiki waren aber gar keine Genossen".[10]

Nun erwähnst du, dass, „auch wenn die Revolution von Anfang an, schon in ihrer Idee, von autoritären Momenten durchsetzt war", dennoch „die stalinistische Sowjetunion des Jahres 1937 (...) in beinahe nichts dem Traum von jener Welt, die die Revolutionärinnen 1917 verwirklichen wollten" gleiche. Bestehen würde ich jedenfalls darauf, dass „[u]nter Lenins – nicht Stalins – Herrschaft (...) sich die Tscheka zu einem gewaltigen Polizeistaat ausweiten" sollte, „mit einer ungeheuerlichen Infrastruktur, von den Hauskomitees bis zu den Konzentrationslagern".[11] Und es sollte einem vielleicht zu denken geben, wenn der linke Sozialrevolutionär Isaak Steinberg seine Schrift über *Gewalt und Terror in der russischen Revolution* 1931 mit einem Nachwort unter der Überschrift. „Hat sich der bolschewistische Terror *gemildert?*" beschließt und konstatiert: „Der Terror des Bolschewismus ist *heute ebenso aktiv*, wie er in den Jahren 1919 bis 1921 war."[12]

Und wen verstehst du unter diesen „Revolutionärinnen" von 1917? Gab es hier nicht völlig unterschiedliche Träume? Der schon oft zitierte Volin erklärte zu jenem „Traum" jedenfalls: „[D]ennoch hege ich gegen die

---

Zitat: S.669.

10 Volin: *Die unbekannte Revolution*. Band 2 (1947). Hamburg, 1976. S.206.

11 Orlando Figes: *Die Tragödie eines Volkes. Die Epoche der russischen Revolution 1891 bis 1924* (1996). München, 2001. S.686.

12 Isaak Steinberg: *Gewalt und Terror in der Revolution*. Berlin, 1974. S.339. Hervorhebung von mir.

Bolschewiki kein Gefühl des Hasses oder der Bosheit. Solcherlei Gefühle lagen mir fern in der Epoche, in der die betreffenden Leute noch nur ‚Bolschewiki' waren, die daran waren, ihre Revolution vorzubereiten; diese Gefühle lagen mir immer noch fern später, als die Bolschewiki ihr Ziel erreicht hatten und sie nicht mehr revolutionäre Bolschewiki waren, sondern eine neue Regierung und eine Regierungspartei. Was sind sie für mich, diese Leute, borniert und blind? Ich bedaure sie, das ist alles. Das Wichtigste, das sind nicht sie selber, sondern das monstruöse System an welches sie glauben, und nach welchem sie ihren Plan ausgeführt haben. Das Wichtigste sind auch die Umstände, die ihnen erlaubt haben, ihren Plan durchzuführen."[13] Worin besteht dieses „monstruöse System"? Hierzu Rudolf Rocker: „Es wäre (…) grundverkehrt, die Verantwortlichkeit für alle diese schmählichen Ereignisse einzelnen Personen aufbürden zu wollen. Diese sind nur insofern verantwortlich, soweit sie als Träger einer bestimmten Ideenrichtung in Betracht kommen. Nein, die Ursachen dieser tragischen Erscheinungen liegen tiefer. Hier wirkt sich ein System aus, das mit logischer Folgerichtigkeit einen solchen Zustand der Dinge auslösen musste. Wenn das bisher so wenig verstanden wurde, so lässt sich das hauptsächlich darauf zurückführen, dass man in allen Betrachtungen über die russische Revolution zwei Dinge zu vereinen bestrebt war, die sich schlechterdings nicht vereinen lassen – den Rätegedanken und die sogenannte ‚Diktatur des Proletariats'. Die Diktatur steht mit der konstruktiven Idee des Rätesystems im elementarsten Widerspruch und eine gewaltsame Verbindung der beiden musste notwendigerweise zu jener verzweifelten Missgeburt der heutigen bolschewistischen Kommissarokratie führen, die der russischen Revolution zum Verhängnis geworden ist. Das konnte nicht anders sein."[14]

Was meinst du zu diesen etwas erschreckend langen Ausführungen meinerseits?

---

13 Volin zitiert nach Rudolf Naef: *Russische Revolution und Bolschewismus 1917/18 in anarchistischer Sicht* (1974). Lich, 2005. S.45.

14 Rudolf Rocker: ‚Der Bankerott des russischen Staats-Kommunismus' (1921), in: *Der Bolschewismus: Verstaatlichung der Revolution*. Berlin, 1968. S.81-128. Hier: S.103f.

BINI ADAMCZAK: Ich stimme Emma Goldman vollkommen zu, dass die Behauptung einer Identität von Russischer Revolution und Kommunistischer Partei radikal zu kritisieren ist; die bolschewistische Partei war weder die einzige noch die initiativste Akteurin der Revolution, schon gar nicht verkörperte sie – wenn es so etwas erstens gäbe und es zweitens repräsentierbar wäre – das Wesen des revolutionären Prozesses. Ein solch verengendes Verständnis dieser und nicht nur dieser Revolution ist aber, wie du zu Recht sagst, noch immer weit verbreitet. Meine neueren Arbeiten[15] zielen dementsprechend auf eine weitergehende Dezentrierung des Revolutionsbegriffes, der sowohl theoretisch wie praktisch von Mystifizierungen und Fetischisierungen umstellt ist. Dieses Problem reicht weit über den engen Kreis des Leninismus hinaus in alle Strömungen der Linken, die mit dem Konzept Revolution zumindest sympathisieren. Am deutlichsten angezeigt wird das vielleicht in der oft zu hörenden, fantastischen Rede von einem „nach der Revolution", auf das alle möglichen apolitischen Bilder projiziert werden. Auf der theoretischen Seite wird der Zugang zum komplexen revolutionären Prozess von Figuren wie Bruch, Ereignis, Entscheidung, Fortschritt, Stillstand, Umschlagpunkt usw. eher verstellt als ermöglicht. Auf der praktisch-politischen Seite muss ein historisches Erbe konstatiert werden, das ich Revolutionsfetisch nenne. Es besteht in der Verkehrung der Revolution von einem Mittel zur Erreichung einer postrevolutionären Gesellschaft zu einem Zweck an sich selbst, auf den sich nicht zuletzt ein „eigentliches" Begehren nach Aufruhr, Aufregung, Action richtet. Die spezifisch leninistische Linie in der Verkennung der Revolution besteht zunächst in der Identifikation von Revolution und Machtergreifung, der Eroberung der Staatsmacht. Aber die Russische Revolution ereignete sich weder an einem, noch an zehn Tagen[16], sie bestand nicht in der so geplanten wie

---

15 Beispielsweise Bini Adamczak: ‚Verweigerte Ankunft. Welche Fragen stellen zwei Erzählungen von vergangenen Revolutionären, die im Moment der Revolution verstarben, an ein gegenwärtiges Leben ohne Revolution?', in: *Phase2. Zeitschrift gegen die Realität*. Nummer 36 (2010); Auch dies.: ‚Hauptsache Nebenwiderspruch. Geschlechtliche Emanzipation und Russische Revolution', in: Gruppe INEX (Hg.). *Das Ende des Kommunismus*. Münster, 2012. S.107-125.

16 Wie die populäre, von Lenin autorisierte Darstellung der Revolution von John Reed bereits in ihrem Titel behauptet: *Zehn Tage, die die Welt erschütterten*.

verplanten, diktatorisch angeordneten wie dilettantisch umgesetzten Eroberungen eines Weinkellers im Winterpalais, über dem einige schlecht bewachte Minister einer provisorischen Regierung auf ihre Verhaftung warteten. Wir können nicht umhin diese „Oktoberrevolution" als Putsch zu bezeichnen, als Putsch, der weder von den Organen der revolutionären Selbstregierung, den Räten, beschlossen noch von einer Masse an Revoltierenden ausgeführt worden war, sondern von lediglich einer ihrer Organisationen, der Kommunistischen Partei (Bolschewiki) und zumal noch gegen deren anfänglichen Willen von ihrem autoritären Anführer, Lenin, durchgesetzt wurde.[17] Indem Lenin hier gezielt dem Rätekongress vorausgriff, der vermutlich ohnehin ein Absetzen der Provisorischen Regierung beschlossen hätte, setzte sich die Partei an die Spitze und mehr und mehr an die Stelle der Bewegung, setzten sich die Staatsorgane an die Spitze und mehr und mehr an die Stelle der Räte.[18]

Der komplexe und breite Prozess der Revolution, in dessen Gefolge die Bolschewiki zu dieser Handlung ermächtigt wurden, den sie aber auch für eine gewisse Zeit vorantrieben und radikalisierten, bestand demgegenüber vielmehr in Streikbewegungen, Rätebildungen, Straßendiskussionen, Wohnungsaneignungen, Bandengründungen, Lynchaktionen, vor allem aber in Desertionen und wilden Landenteignungen. Es handelt sich um ein weites Ensemble von Mikrorevolutionen, die häufig unkoordiniert und nicht selten widersprüchlich in- und zueinander verlaufen, die von verschiedenen und gegensätzlichen Träumen motiviert werden und diese zugleich motivieren. Von daher gebe ich dir völlig Recht, wenn du sagst, es habe 1917ff. sehr viele und völlig unterschiedliche Träume gegeben. Mir erscheint dieses Moment von Revolution sogar als so bedeutsam, dass ich von der Revolution als Missverständnis oder als Ensemble von Missverständnissen spreche. Und diese Erkenntnis erhält bereits in der Gegenwart ihre Bedeutung, da auch in der Analyse der aktuellen Revolutionsbewegungen immer wieder dem Glauben Ausdruck verliehen wird, eine revolutionäre Bewegung könne erst dann existieren, wenn sie sich in gemeinsamen, präzisen, einheitli-

---

[17] Die präziseste Darstellung dieser Prozesse findet sich bei Alexander Rabinowitch: *Die Sowjetmacht. Das erste Jahr.* Essen, 2010.

[18] Siehe hierzu Stefan Junker: ‚Die Bolschewiki und die Übernahme der Ministerialbürokratie', in: *Grundrisse*. Nummer 40 (2011). S.24-38.

chen Forderungen oder Parolen artikuliere. Aber womöglich besteht genau in diesem Glauben eine weitere leninistische oder bolschewistische Linie der Revolutionsreduktion: in dem Glauben nämlich, die vielseitige Vielstimmigkeit der Revolution müsse zugunsten einer Logik der Einheit zum Schweigen gebracht und auf die Stimme der Partei, der Parteilinie, des Zentralkommitees, des Vorsitzenden vereinigt werden. Zusammenfassend ließe sich somit mit einem Begriff der „Situationistischen Internationale" sagen, dass der Bolschewismus nicht die Revolution ist, sondern deren Rekuperation (integrative Vereinnahmung / feindliche Übernahme).

Aber ebenso wie die Behauptung einer Identität von Revolution und Bolschewismus zu negieren ist, muss auch die Behauptung einer Identität von Bolschewismus und Kommunismus zurückgewiesen werden. Beide Behauptungen nutzen einem gemeinsamen Interesse von autoritären Kommunistinnen und autoritären Antikommunistinnen. Den einen dienen sie zur Vereinnahmung von Revolution und Kommunismus, den anderen zu derer Denunziation. Ebensowenig jedoch wie sich der plurale Prozess der Revolution(en) auf die Ergreifung der Staatsmacht beschränken lässt, kann der Traum einer gemeinschaftlichen Welt in Freiheit und Gleichheit auf das Programm einer Parteidiktatur zum Zwecke der Produktivkraftdynamisierung reduziert werden. Insofern fügt sich dein Einwand, um anarchistisch zu sein, müssten die Kronstädterinnen sich nicht Anarchistinnen nennen, genau in meine Perspektive auf diese Geschichte ein. Die spanischen Anarchistinnen nannten die Gesellschaft, die sie anstrebten, nicht Anarchie, sondern Kommunismus und fügten das Adjektiv libertär hinzu, um ihn vom autoritären Kommunismus der stalinistischen Internationale zu unterscheiden[19]. Was kommunistisch an der Revolution und ihren Folgen war, darf also nicht auf das beschränkt werden, was die jeweils historisch Herrschenden als herrschende Verwendungsweise dieses Be-

---

19 Die Verwendung des „Kommunismus"-Begriffs innerhalb der anarchistischen Bewegung kann bis zu jener Abkehrbewegung vom sogenannten „kollektivistischen" Anarchismus Bakunins und dem „mutualistischen" Anarchismus Proudhons zurückverfolgt werden, wie sie u.a. Malatesta und Kropotkin vollzogen. Siehe hierzu Max Nettlau: *Geschichte der Anarchie. Band 2. Der Anarchismus von Proudhon bis Kropotkin. Seine historische Entwicklung in den Jahren 1859-1880* (1927). Münster, 1993. S.228ff. [Anmerkung des Herausgebers]

griffes durchsetzen konnten. Statt mit dem Kommunismus (bzw. dem Weg zu ihm) identisch zu sein, steht die Kommunistische Partei vielmehr in einer Spannung zu ihm, einer Spannung, die von der Revolution an bis zum Bersten oder präziser noch bis über das Bersten hinaus zunahm, aber bis zum Ende der Sowjetunion nie ganz erlosch. Selbst in der Hochphase des Stalinismus wurde der kommunistische Traum nicht einfach sistiert, sondern als Triebkraft des kommunistischen Terrors motorisiert.[20] Während Abtreibung kriminalisiert und die Kleinfamilie rehabilitiert wurde, nahm die Frauenlohnarbeitsquote als Modus geschlechtlicher Emanzipation im Stalinismus weiterhin zu. Während Arbeiterinnen aller „Mit"bestimmungsmöglichkeiten entkleidet wurden, wurden fast ausschließlich Menschen zum Studium zugelassen, deren Eltern nicht studiert hatten. (Dieser Hinweis ist bitte nicht im Sinne des Revisionismus zu verstehen, auch der Stalinismus habe gute Seiten gehabt. Es geht darum, dass der stalinistische Staat das kommunistische Versprechen nicht gänzlich tötete, sondern zombiehaft, millionenfach zerstückelt und verzerrt, am Leben erhielt und zwar nicht nur im Sinne einer äußerlichen Legitimationsideologie. Terror und Traum sind vielmehr innerlich verwoben. Wäre es anders, handelte es sich bei der Sowjetunion einfach nur um eine weitere Diktatur wie es sie schon tausendfach zu anderen Zeiten gegeben hatte und nicht um eine der größten, wenn nicht die größte Tragödie in der Geschichte der Menschheit.) So lange der Traum aber nicht gänzlich erloschen war, konnte er auch gegen seine Korrumpierung in einer terroristischen Wirklichkeit reaktualisiert werden – und genau in diesem Sinne interpretiere ich die verschiedenen osteuropäischen Revolutionsversuche 1953, 1956, 1968. Selbst 1989 noch gab es, wenn auch in 72 Jahren fast gänzlich erwürgt, Anklänge solcher Stimmen, die das kommunistische Erbe gegen seine Erbverwalterinnen proklamieren und realisieren wollten[21]. Damit stell-

---

20 *Terror und Traum* ist der Titel eines sehr guten Buches von Karl Schlögel über den Stalinismus, das die technologisch-technokratische Reduktion des Traums, allerdings gerade nicht kritisch konfrontiert. Siehe Karl Schlögel: *Terror und Traum. Moskau 1937*. München, 2008.

21 Das wurde mir noch mal deutlich durch die Begegnung mit der ‚Selbsthilfegruppe Ei des Kommunismus' (SEK) – mit Anne Seek, Bernd Gehrke, Ralf Landmesser, Harry Waibel oder auch Renate Hürtgen. Siehe die Textsammlung: http://eidesk.

ten sie sich genau in die Tradition von Kronstadt, welche die kommunistische Revolution gegen die kommunistische Konterrevolution wiederauferstehen lassen wollte.

Gestern Morgen verfolgt die Geschichte der Russischen Revolution rückwärts, von 1939 an bis 1917, gerade in dem Versuch, den Punkt zu benennen, an dem die Revolution zum ersten Mal scheiterte, vor dem sie also intakt war, nur um das Scheitern dieses Versuches vorzuführen, weil sich kein letztes Ende und kein erster Anfang, sondern eine Vielzahl von letzten Enden und ersten Anfängen angeben lässt. Insofern ist Kronstadt auch nicht deswegen so wichtig, weil hier zum ersten Mal der autoritäre Charakter des Bolschewismus zu Tage getreten wäre und offen seine konterkommunistischen Wirkungen entfaltet hätte, sondern weil er zu diesem Zeitpunkt seiner mächtigsten Rechtfertigung entkleidet worden war. Bis zum Ende des Bürgerkriegs wurden die diktatorischen Maßnahmen auch von vielen ihrer Kritikerinnen als notwendiges Übel verstanden, das von den Bedingungen des militärischen Kampfes erzwungen worden wäre und mit ihm auch wieder verschwinden würde. So dachte beispielsweise auch Victor Serge, der zugleich eine Erklärung dafür anbietet, warum Anarchistinnen eine Zeit lang keine bessere Option sahen als sich in einem Verhältnis solidarischer Kritik auf die Seite der Bolschewiki zu stellen: „Ich wollte auf der Seite der Bolschewiken stehen, weil sie zäh, ohne den Mut sinken zu lassen, mit großartiger Begeisterung, mit überlegter Leidenschaft, das Notwendige taten; weil sie die einzigen waren, die es tun konnten, da sie alle Verantwortung und alle Initiativen übernommen hatten und eine erstaunliche Seelenstärke bewiesen. Sie täuschten sich gewiss in mehreren wesentlichen Punkten: in ihrer Intoleranz, in ihrem Glauben an die Verstaatlichung, in ihrer Neigung zur Zentralisierung und zu Verwaltungsmaßnahmen. Aber wenn sie mit geistiger Freiheit und im Geiste der Freiheit bekämpft werden sollten, dann musste es *mit* ihnen geschehen, in ihren Reihen. Schließlich konnte es sein, dass alle diese Übel vom Bürgerkrieg, von der Blockade, von der Hungersnot herrührten und dass die Heilung von selbst kommen würde, wenn es uns gelang, zu überleben."[22]

---

wordpress.com/beitrage-zur-diskussion/
22 Victor Serge: *Erinnerungen eines Revolutionärs 1901-1941* (1951). Hamburg,

Es ist nicht schwer, im Nachhinein festzustellen, dass Serge irrte. Aber dass der von ihm eingeschlagene Weg nicht zum Erfolg führte, sagt uns noch nicht, welcher Weg zum Erfolg geführt hätte, welche Entscheidungen Anarchistinnen, libertäre Kommunistinnen im Hinblick auf ihre Beteiligung an der Revolution hätten treffen können oder sollen. Die missliche Lage, in der sie sich dabei befanden, ignoriere ich nicht, sie steht vielmehr im Zentrum meiner Aufmerksamkeit, ja, es ließe sich sagen, dass mich diese missliche Lage, die schreckliche Situation beinahe mehr interessiert als die von ihr geschaffenen, mit ihr und gegen sie handelnden Subjekte. Ich habe in *Gestern Morgen* die analoge Situation von Parteikommunistinnen analysiert, die während des Stalinismus die Entscheidung treffen mussten, aus der Partei auszutreten[23]. Dabei galt gerade den Bedingungen, unter denen sie diese Entscheidung trafen oder nicht trafen, sie hinauszögerten, aufschoben, aussaßen, mein Hauptinteresse. Deswegen finde ich den Umstand, dass ein Anarchist (Volin) die anderen (Berkman und Goldman) doof oder naiv findet, wenig interessant. Interessanter finde ich die Diskussionen im „Universalisten"-Club in der Twerskaja-Straße, von denen Alexander Berkman in seinem *Tagebuch aus der russischen Revolution* berichtet. Dort kamen, von Spitzeln durchsetzt, Linke Sozialrevolutionäre, Maximalistinnen, Anhänger von Maria Spiridonowa, Individualisten und Anarchistinnen verschiedener Fraktionen zusammen um ihr Verhältnis zu den Bolschewiki zu diskutieren. Während einige die Diktatur als unvermeidliches Stadium der Übergangsperiode verstehen, die zur Bekämpfung der Konterrevolution nötig sei, betrachten andere die Konterrevolution als Reaktion auf den Terror der Tscheka, die es bei freien Sowjets nicht gegeben hätte, oder identifizieren die Tscheka selbst als konterrevolutionär. Es gibt polemisch „Sowjetski-Anarchisten" Genannte, die dazu auffordern, die Diskussionen zu beenden und beim Aufbau zu helfen und andere, die vor allem die bolschewistischen Repressionen und die Konfiszierungen des Kriegskommunismus kritisieren. Das erstaunliche und verwirrende

---

1991. S.90.

23 Ich stimme dem, was du über den Beginn von Tscheka und Terror sagst zu, ich bezweifele lediglich, dass Isaak Steinberg das, was er 1931 schrieb, 1937, im Jahr des Großen Terrors, wiederholt hätte. Es wäre jedenfalls schon ab den Entkulakisierungen, Kollektivierungen 1932/1933 falsch gewesen.

an dieser Diskussion ist, dass sie geführt wird während die Organisationen der Anarchistinnen und linken Sozialrevolutionäre bereits verboten sind und eine große Zahl linker Oppositioneller in den Gefängnissen der Tscheka sitzt. Eine anarchistische Konferenz, die im Universalisten-Club stattfand, verabschiedete eine Resolution, in der sie „ihre Treue zur Revolution hervorhob, aber gegen die Verfolgung von Linken protestierte und die Legalisierung der anarchistischen Bildungs- und Kulturarbeit verlangte."[24] Sie aktualisierte damit die Position der *Golos Truda* aus dem Jahr 1917, die du zitierst und deren wundervollen Worten ich nichts hinzuzufügen weiß.[25] Die Kommission, die die Resolution des anarchistischen Kongresses von 1920 an den Sekretär des Zentralkommitees der Kommunistischen Partei überbrachte, appellierte an dessen revolutionäre Ethik – natürlich umsonst, denn eine revolutionäre Ethik war ja genau das, was die Bolschewiki nicht besaßen oder durch eine alles legitimierende Zweck-Mittel-Dialektik unbrauchbar gemacht hatten. Felix Dserschinski, der Gründer der Tscheka, hatte das bereits im Dezember 1917 in seiner Antrittsrede explizit erklärt: „Glaubt nicht Genossen, dass ich nach einer Art revolutionsadäquaten Gerechtigkeit suche. Wir können mit ‚Gerechtigkeit' nichts anfangen!"[26]

Diese Sätze denunzieren sich selbst. Aber welche Möglichkeiten boten sich den Anarchistinnen? Hätten sie den Weg von Maria Spiridonowa weiterverfolgen sollen, die 1918 einen Aufstand gegen die Bolschewiki anführte, oder von Fanny Kaplan, die im gleichen Jahr ein Attentat auf Lenin verübte? Welche Chancen hätte eine organisierte Opposition unter den Bedingungen der bolschewistischen Repression gehabt? Und wäre sie noch während des andauernden Bürgerkrieges vertretbar ge-

---

24 Alexander Berkman: *Der bolschewistische Mythos. Tagebuch aus der russischen Revolution 1920-22* (1925). Frankfurt am Main, 2004. S.47ff.

25 Alexander Berkman bezeichnete sie – apropos „kritische" und „ungefährliche" Anarchistinnen – im Jahr 1920 allerdings bereits als „gemäßigten Flügel", der sich „in völliger Übereinstimmung mit den Bolschewiki" befunden habe. Siehe Alexander Berkman: *Der bolschewistische Mythos. Tagebuch aus der russischen Revolution 1920-22* (1925). Frankfurt am Main, 2004. S.49.

26 Felix Dserschinski zitiert nach Nicolas Werth: ‚Ein Staat gegen sein Volk. Gewalt, Unterdrückung und Terror in der Sowjetunion', in: Stéphane Courtois (Hg). *Das Schwarzbuch des Kommunismus. Unterdrückung, Verbrechen und Terror*. München, 2004. S.51-299. Hier: S.71.

wesen? Hätten die Anarchistinnen auf die revolutionäre Ethik verzichten sollen, die sie ja gerade von den Leninistinnen unterschied? Und wären sie überhaupt handlungsfähig gewesen angesichts ihrer Zersplitterung? Alexander Berkman notierte – nachdem er von Peter Kropotkin den schönen Satz gehört hatte, die Bolschewiki hätten zumindest gelehrt, wie eine Revolution *nicht* zu machen ist[27] –, die Kritik der revolutionären Opposition sei allerdings insofern wenig hilfreich als es ihr an konstruktiven Vorschlägen mangelte.[28] Ein von Apologetinnen des Bestehenden oft geäußerter Satz, der unter den Bedingungen des revolutionären Russlands 1920 allerdings einen etwas anderen Sound bekommt. Die Bedingungen, unter denen die Menschen handeln, sind eben wie Marx zu Recht sagt, keine frei gewählten, sondern vorgefundene.[29] Das Wichtigste, zitierst du Volin, sind die Umstände. Von ihnen zu abstrahieren halte ich genau für eine – in Labeln: idealistische, voluntaristische – Gefahr, die ich bei einer retroaktiven anarchistischen Identifikation befürchte. Ich stimme Rudolf Rocker zu, wenn er die Verantwortung von Personen relativiert, würde aber hinzufügen, dass das gleiche möglicherweise auch für die Ideen oder „Ideenrichtungen" gilt. Die komplexe historische Situation der Revolution fügt sich eben nicht den Begriffen der Theorie, weder jenen der Kritik, noch jenen der Utopie oder denen der Moral. Wenn die Antworten, die wir auf die Fragen der Geschichte geben, von eben dieser Geschichte absehen, werden sie sich auch in Zukunft ihr gegenüber hilflos ausnehmen.

PHILIPPE KELLERMANN: Da schon mein letzter Beitrag ein wenig ausufernd war, möchte ich mich jetzt ein wenig zurückhalten, wenngleich die Fragen und Probleme, die du aufwirfst sehr wichtige sind, ich dir aber in vielem auch nur zustimmen kann. Lieber möchte ich stattdes-

---

27 Alexander Berkman: *Der bolschewistische Mythos. Tagebuch aus der russischen Revolution 1920-22* (1925). Frankfurt am Main, 2004. S.53. Siehe auch Peter Kropotkin: ‚An die Arbeiter der westlichen Welt' (1920), in: ders. *Die Eroberung des Brotes und andere Schriften*. München, 1973. S.279-287. Hier: S.284.

28 Alexander Berkman: *Der bolschewistische Mythos. Tagebuch aus der russischen Revolution 1920-22* (1925). Frankfurt am Main, 2004. S.54.

29 Karl Marx: ‚Der achtzehnte Brumaire des Louis Bonaparte' (1852), in: *MEW*. Band 8. Berlin, 1960. S.111-207. Hier: S.115.

sen ein wenig selbstkritisch kurz bemerken, dass meine Rede von der „anarchistischen Perspektive", welche „in den Bolschewiki selbst das Problem" gesehen habe, „und zwar von Anfang an" etwas sehr simplifizierend ist. Denn das Verhältnis vieler russischer AnarchistInnen zum Bolschewismus war aufgrund unterschiedlicher Aspekte durchaus ambivalent. Das gilt ja auch für die Haltung vieler AnarchistInnen außerhalb Russlands, wobei in diesen Fällen hinzukommt, dass man meist über äußerst wenige Informationen verfügte. Mir ging es dessen ungeachtet darum, jene – wenn man so will: orthodoxen – AnarchistInnen positiv hervorzuheben, die sehr schnell misstrauisch und kritisch gegenüber den Bolschewiki eingestellt waren und deren Perspektive auf die Russische Revolution weitaus weniger bekannt ist, als die ja auch schon verhältnismäßig unbekannten Positionen wie sie Berkman oder Goldman während ihrer Anfangszeit in Russland vertraten.

Nun aber zu meiner nächsten Frage, genauer genommen, eine Nachfrage. Denn ich habe nicht so recht verstanden, warum deiner Meinung nach die Frage, „wie der Versuch einer welthistorischen Befreiung in grausame Herrschaft umschlagen konnte" erst „vom Untergang der Sowjetunion" an möglich geworden sei. Könntest du das erklären?

BINI ADAMCZAK: Die Frage konnte selbstverständlich auch schon vorher gestellt werden und wurde in verschiedenen Variationen auch gestellt[30]. Insofern die Möglichkeiten von Erkenntnis aber von historischen Bedingungen abhängig sind, einen „Zeitkern" haben, wie die Kritische

---

30 Zum Beispiel so: „Die vorangegangenen Revolutionen (ich denke hier vor allem an die von 1789 und von 1917) haben uns ein grundsätzliches Problem hinterlassen: Warum versanken diese Revolutionen, die doch weitgehend gegen die Unterdrückung gerichtet waren, die beseelt waren vom mächtigen Atem der *Freiheit* und die die Freiheit als ihr wesentlichstes Ziel proklamierten, in einer neuen, von anderen herrschenden und privilegierten Schichten ausgeübten Diktatur, in einer neuen Versklavung der Volksmassen? Unter welchen Bedingungen könnte eine Revolution ein solch trauriges Ende vermeiden? Sollte ein solches Ende noch lange Zeit eine Art historische Zwangsläufigkeit bedeuten oder sind vielleicht bloß vorübergehende Faktoren daran schuld? Oder handelt es sich gar nur um Irrtümer oder Fehler, die in Zukunft vermeidbar sind? Und, falls letzteres zuträfe, mit welchen Mitteln könnte diese Gefahr vermieden werden, die schon den zukünftigen Revolutionen droht? Können wir hoffen, diese Gefahr zu überwinden?" Volin: *Die unbekannte Revolution*. Band 1 (1947). Hamburg, 1975. S.7.

Theorie das nannte, ändert sich auch der Charakter dieser Frage und der Antworten, die auf sie gegeben werden können, mit der Geschichte. So lange die Sowjetunion als staatlich institutionalisierte Erbin der Russischen Revolution existierte, befand sich jede Auseinandersetzung mit diesem Erbe in einem machtpolitischen Feld, das nach 1990ff. mehr oder weniger erloschen ist. Innerhalb dieses Feldes stand die Kritik am real existierenden Sozialismus einerseits ständig in der Gefahr als Parteinahme auf Seiten des real existierenden Kapitalismus gelesen zu werden, als Positionierung in einem Kalten Krieg, in dem es nur zwei Seiten geben sollte. Andererseits aber musste, solange etwa die Marx-Engels-Werke von einer marxistisch legitimierten Militärmacht herausgegeben wurden, jede Bezugnahme auf Marx gegen diese übermächtige Diskursteilnehmerin vorgenommen werden. In der Kritik musste die trennende Funktion in den Vordergrund gerückt werden, die Skandalisierung, die Abgrenzung (Dissoziation), die – völlig berechtigte – Denunziation. In einem Teil der Linken, der über die Jahrzehnte zunahm, trat an diese Stelle sogar eine leicht verstehbare Indifferenz, Ignoranz; mit dem Scheiß, so hieß es, haben wir nichts zu tun. Das konnte kaum anders sein, so lange es Leute gab, die den real-existierenden Staatssozialismus ernsthaft für den (Weg zum) wahren Kommunismus hielten, und die, weil er ein Drittel der bewohnten Erdoberfläche beherrschte, auch ernst genommen werden mussten. Diese Leute gibt es leider immer noch, aber sie kommandieren nur noch wenige Armeen und obwohl ihr Gewaltpotenzial recht hoch ist, sollte ihr Selbstbewusstsein doch einen entscheidenden Knacks bekommen haben, seitdem der Staat, dessen Statistinnen sie gewesen waren, eine solche Niederlage hat hinnehmen müssen. Vielleicht unterschätze ich die Gefahr, die von Philostalinistinnen auch heute noch ausgeht, aber ich vermute, dass von ihnen (in den allermeisten Regionen der Welt) keine entscheidenden Impulse für politische Bewegungen und Revolten mehr ausgehen werden und dass auch mögliche Bolschewisierungen zukünftiger Revolutionen eher aus deren Eigendynamik als aus den organisierten Gruppen von Traditionslinken zu befürchten sind. Wenn es aber keine machtpolitisch legitimierten Erbinnen der Russischen Revolution mehr gibt, weil das *Copyright* darauf 1990ff. erloschen ist, dann wird dieses Erbe gewissermaßen frei. Es gibt keinen privilegierten Punkt mehr, von dem aus es reklamiert werden könnte, kaum eine Institution, die sich bevorzugt kommunistisch titulieren dürfte. Einerseits *muss* die Verantwortung für die Revolution und ihr Scheitern weiterhin übernommen werden, weil die Auswirkungen dieses Ereignisses zu weit reichen als dass ein Weg in die Zukunft an ihnen vorbeigehen könnte. Andererseits *kann* diese Verantwortung jetzt in stärkerem Maße auch übernommen werden von Positionen, die außerhalb der marxistisch-leninistischen Tradition stehen. Das wurde tatsächlich auch zu anderen Zeiten schon gemacht, vor allem um 1968 herum, als mit der globalen Öffnung eines dritten Weges auch ein alternativer Zugang zum Erbe der Russischen Revolution erstritten wurde.[31] Heute aber ist dieser Zugang mit weniger Anstrengung zu haben. Die Frage für oder wider Sowjetunion stellt sich nicht mehr, weil es die Sowjetunion nicht mehr gibt. Mit einem gewissen Sinn für Pathos und Groteske ließe sich das, was Walter Benjamin über das Verhältnis der erlösten Menschheit zur Menschheitsgeschichte sagt[32], auf das Verhältnis der Linken zur Geschichte der Linken übertragen: nach dem „Ende" dieser Geschichte fällt diese ihr im gesamten zu. Damit kann diese Geschichte als eine Geschichte *objektiver* Probleme rekonstruiert werden, die sich von einem zukünftigen Versuch der Befreiung her stellen. (Lässt sich Gewalt aufrufen und wieder abberufen? Muss der Konterrevolution zuvorgekommen werden? Gibt es Wahrheit neben der Mehrheit? Bedarf es Reichtum für Demokratie? Braucht es Neue Menschen? Usw.[33]) Wo sich mit dem einen Auge eine Kette von Fraktionskämpfen, von Spaltungen und Schwestermorden sehen lässt, da erscheint vor dem anderen Auge eine einzige Ansammlung von Feh-

---

31 Für einen Überblick über die marxistische Diskussion der Sowjetunion, in der die Bedeutung der weltrevolutionären Zäsur '68 deutlich hervortritt, siehe Marcel van der Linden: *Von der Oktoberrevolution zur Perestroika. Der westliche Marxismus und die Sowjetunion*. Frankfurt am Main, 1992. Paradigmatisch für den Versuch alternativer Erbschaft: Rudi Dutschke: *Versuch, Lenin auf die Füße zu stellen. Über den halbasiatischen und den westeuropäischen Weg zum Sozialismus*. Berlin, 1974. Oder: Ursula Schmiederer: ‚Der ›reale Sozialismus‹, die Opposition und wir', in *links*. Nummer 86 (1977). S.17-18.
32 Walter Benjamin: ‚Geschichtsphilosophische Thesen', in: ders. *Zur Kritik der Gewalt und andere Aufsätze*. Frankfurt am Main, 1965. S.78-94.
http://www.mxks.de/files/phil/Benjamin.GeschichtsThesen.html
33 Die Aporien der Revolution, die Issak Steinberg in *Gewalt und Terror in der Revolution* herausarbeitet, ähneln dieser Fragestellung.

lern (in Niederlagen wie Scheitern), von denen kein einziger vergessen werden sollte.

PHILIPPE KELLERMANN: Ich muss zugeben, dass ich dir hier nicht so ganz zustimmen kann. So denke ich nicht, dass jede/r Linke das Erbe der Sowjetunion übernehmen muss, gerade jene nicht, die sich nie positiv auf sie bezogen haben, vielmehr stets deren Opfer waren. Etwas anderes ist die Notwendigkeit sich jene Fragen zu stellen, die du zu Recht anmahnst und die für jede emanzipatorische Bewegung von grundlegender Bedeutung sind. Macht es aber Sinn, sich mit diesen Fragen gerade an die Bolschewiki zu wenden, die doch kaum Sensibilität für solcherart Problemstellungen besaßen? Mir scheint es da gewinnbringender sich z.B. den Ereignissen der Spanischen Revolution mit solchen Fragen zu nähern, denn dort war der emanzipatorische Anspruch meines Erachtens ein grundsätzlich weitreichender, als im Fall der Bolschewiki.

Ich möchte aber noch deine Meinung zu einer geradezu klassischen Frage hören. Bekanntermaßen haben AnarchistInnen immer wieder auf die Bedeutung einer verheerenden „politischen Rationalität" hingewiesen, die sie mit dem Marxismus in Zusammenhang brachten. Emma Goldman beispielsweise referiert folgendes Gespräch mit Kropotkin zur Zeit des russischen Kriegskommunismus: „‚Aber haben wir nicht stets auf diese Segnungen des Marxismus in Aktion hingewiesen?' fügte er [Kropotkin] hinzu. ‚Warum nun erstaunt sein?'"[34] Wobei Goldman rückblickend erklärte: „Tatsächlich hatte es in Russland eine Revolution ‚à la Bakunin' gegeben, aber man hatte aus ihr eine Revolution ‚à la Karl Marx' gemacht. Dies schien mir das eigentliche Problem."[35] Welche Verbindung siehst du zwischen der bolschewistischen Theorie und Praxis und dem Marxschen Denken, bzw. dem Marxismus? Gibt es überhaupt eine solche?

BINI ADAMCZAK: Bekanntlich ist zumindest der Marxsche Denker Marx (Karl) der bolschewistischen Theorie und Praxis nie begegnet, dafür war er, als der Bolschewismus geboren wurde, ja bereits zu tot. Über die

---

34 Emma Goldman: ‚Die Ursachen des Niederganges der russischen Revolution' (1922), in: *Der Bolschewismus: Verstaatlichung der Revolution*. Berlin, 1968. S.1-79. Hier: S.59.

35 Emma Goldmann: *Gelebtes Leben* (1931). Hamburg, 2010. S.754.

Möglichkeit einer solchen Bewegung und ihrer staatssozialistischen Bürokratisierung war er allerdings informiert worden, das belegt das Konspekt (Exzerpt), das er von Bakunins Buch *Staatlichkeit und Anarchie* angefertigt hat. Denn in diesem Buch beschrieb Bakunin so präzise wie polemisch und nicht ohne gewisse prophetische Qualitäten die Gefahren, die sich in dem, was er Staatskommunismus nannte und nicht zuletzt aus deutschem Untertanengeist erklärte, verbargen. Zum Beispiel schrieb er: „Wir haben schon verschiedentlich unserer tiefen Abneigung gegen die Theorie von Lassalle und Marx Ausdruck verliehen, die den Arbeitern, wenn nicht als letztes Ziel, so doch wenigstens als nächstes Hauptziel – *die Gründung eines Volksstaates* empfiehlt, der nach ihren Erläuterungen nichts anderes sein wird, als das ‚zur herrschenden Klasse erhobene Proletariat.' Es fragt sich, wenn das Proletariat die herrschende Klasse sein wird, über wen es dann herrschen soll? Das heißt doch, es bleibt noch ein anderes Proletariat, welches dieser neuen Herrschaft, diesem neuen Staat unterworfen wird."[36] Marx antwortet Bakunin in seinem Exzerpt direkt: „Das meint, solange die andren Klassen, speziell die kapitalistische noch existiert, solange das Proletariat mit ihr kämpft (denn mit seiner Regierungsmacht sind seine Feinde und ist die alte Organisation der Gesellschaft noch nicht verschwunden), muss es *gewaltsame* Mittel anwenden, daher Regierungsmittel; ist es selbst noch Klasse, und sind die ökonomischen Bedingungen, worauf der Klassenkampf beruht und die Existenz der Klassen, noch nicht verschwunden und müssen gewaltsam aus dem Weg geräumt oder umgewandelt werden, ihr Umwandlungsprozess gewaltsam beschleunigt werden."[37] In diesen knappen Formulierungen hätten sich Lenin oder Trotzki mühelos in ihrer Auffassung bestätigt finden können, dass mit den Repressionsmitteln der Staatsmacht jene ökonomischen Grundlagen der Gesellschaft umgewälzt werden könnten, die eben die Klassen und den Staat hervor brächten.[38] Kaum dass diese Umwälzungsarbeit

---

36 Michael Bakunin: *Staatlichkeit und Anarchie* (1873). Berlin, 2007. S.337. Der besseren Lesbarkeit wegen zitieren wir nicht aus Marx' Konspekt direkt, sondern aus der deutschen Übersetzung von Bakunins *Staatlichkeit und Anarchie*.

37 Karl Marx: ‚Konspekt von Bakunins ›Staatlichkeit und Anarchie‹' (1874/75), in: *MEW*. Band 18. Berlin, 1964. S.597-642. Hier: S.630.

38 Siehe Bini Adamczak: ‚Nuancen. Zur Inkommensurabilität kommunistischer Po-

vollendet wäre würde der Staat auch absterben, so lautete ja die marxistisch-leninistische Lehrmeinung, die hauptsächlich die Fortexistenz des Staates legitimierte.³⁹ Diese oder eine ähnliche dialektische Figur findet sich auch in Marx' Konspekt zu Bakunin. Dort schreibt er über das Proletariat, das sich als herrschende Klasse organisiert: „mit seinem völligen Sieg ist [*] daher auch seine Herrschaft zu Ende, weil sein Klassencharakter [verschwunden]"⁴⁰. Oder an anderer Stelle: „Da das Proletariat während der Periode des Kampfs zum Umsturz der alten Gesellschaft noch auf der Basis der alten Gesellschaft agiert und daher auch noch in politischen Formen sich bewegt, die ihr mehr oder minder angehörten, hat es seine schließliche Konstitution noch nicht erreicht während dieser Kampfperiode und wendet Mittel zur Befreiung an,[*] die nach der Befreiung wegfallen"⁴¹. Mit dem völligen Sieg endet die Herrschaft, mit der Befreiung verschwinden die Mittel zur Befreiung! Wir können sagen, dass Marx hier Gefangener einer Hegelschen Logik ist, die sich von der Klarheit eines begrifflichen Schlusses über die Sperrigkeit der Wirklichkeit hinwegtäuschen lässt. Aber die Frage philosophischer Schulen ist mehr oder weniger egal. Entscheidend ist, dass Marx nicht die Gefahren antizipierte, die sich zwischen jenen Sätzen auftun. Genau zwischen diesen zwei Sätzen (von mir mit [*] markiert) liegt *ein Teil* jenes politischen Problems verborgen, das sich heute schon deshalb nicht mehr übersehen lässt, weil es sich zeitweilig auf ein Drittel der festen Erdoberfläche ausgedehnt hatte. Das Problem, wie sich das im Kampf gegen die Konterrevolution aufgerufene Gespenst der Staats-

---

litik in der Revolutionsdebatte zwischen Kautsky, Lenin und Trotzki', in: Jour fixe Initiative (Hg.). *Souveränitäten. Von Staatsmenschen und Staatsmaschinen*. Münster, 2010. S.57-83.

39 Hauptsächlich, nicht ausschließlich. Historisch fällt der Punkt, an dem das Ende der Klassenkämpfe verkündet wurde und also mit einer Demokratisierung des Staates auch dessen Absterben eingeleitet werden sollte, mit dem Einsetzen des Großen Terrors zusammen. Vgl. dazu Karl Schlögel: *Terror und Traum. Moskau 1937*. München, 2008; Slavoy Žižek: ‚Foreword. Trotzky's Terrorism and Communism, or Despair and Utopia in the Turbulent Year of 1920', in ders./Leo Trotzki. *Slavoy Žižek presents Trotzky, Terrorism and Communism: A Reply to Karl Kautsky*, London/New York 2007.

40 Karl Marx: ‚Konspekt von Bakunins ›Staatlichkeit und Anarchie‹' (1874/75), in: *MEW*. Band 18. Berlin, 1964. S.597-642. Hier: S.634.

41 Ebd. S.636.

macht wieder loswerden lassen soll. Marx sieht dieses Problem nicht. Auf die Mutmaßung Bakunins, dass die aus der Arbeiterschaft gewählten Volksvertreter durch diesen Akt zu „*ehemaligen* Arbeitern" werden, die „auf die ganze Welt der einfachen Arbeiter von der Höhe des Staats herabzusehen" begännen und nunmehr nur noch „sich selbst repräsentieren und ihren Anspruch darauf, das Volk zu regieren"[42], antwortet Marx lapidar: „sowenig, wie ein Fabrikant heute dadurch aufhört Kapitalist zu sein, dass er Gemeinderat wird"[43]. Neben dem oberflächlichen Unterschied, dass eine Kapitalistin zum Kapitalbesitzen weniger Zeit nebenher braucht als eine Arbeiterin zum Arbeiten und dass Staatsbezüge für die eine ökonomisch attraktiver sein könnten als für die andere, wischt Marx hier das gesamte Problem der staatlichen Verselbstständigung, der Bürokratie weg. Es wird sich, so wünscht und glaubt er, – ökonomisch – von selbst erledigen.[44] Innerhalb dieser Passagen des Konspekts hat Marx in jedem Punkt gegen Bakunin Unrecht erhalten. Nicht weil Bakunin die Marxsche Theorie sauber von Lassallescher und Liebknechtscher Terminologie unterschieden oder auch nur deren Intention präzise bestimmt hätte[45], sondern weil er bei den Marxistinnen

---

42 Michael Bakunin: *Staatlichkeit und Anarchie* (1873). Berlin, 2007. S.338.

43 Karl Marx: ‚Konspekt von Bakunins ›Staatlichkeit und Anarchie‹' (1874/75), in: *MEW*. Band 18. Berlin, 1964. S.597-642. Hier: S.635.

44 Nochmals deutlich, Bakunin: „Dies Dilemma in der Theorie der Marxisten wird einfach gelöst. Unter Volksregierung verstehen sie die Regierung des Volkes durch eine kleine Anzahl von Repräsentanten, die durch das Volk gewählt werden." Michael Bakunin: *Staatlichkeit und Anarchie* (1873). Berlin, 2007. S.338.
Marx: „Asine [Esel]! Dies demokratische Gekohl, politische Faselei! Die Wahl – politische Form, die in der kleinsten russischen Kommune und im Artel. Der Charakter der Wahl hängt nicht von diesem Namen ab, sondern von der ökonomischen Grundlage, den ökonomischen Zusammenhängen der Wähler; und sobald die Funktionen aufgehört haben, politisch zu sein, existiert 1. keine Regierungsfunktion; 2. die Verteilung der allgemeinen Funktionen ist Geschäftssache geworden, die keine Herrschaft gibt; 3. die Wahl hat nichts von heutigem politischen Charakter." Karl Marx: ‚Konspekt von Bakunins ›Staatlichkeit und Anarchie‹' (1874/75), in: *MEW*. Band 18. Berlin, 1964. S.597-642. Hier: S.635.

45 Zur Vermeidung von Missverständnissen *let me be clear*: selbstredend war der Sozialismus, den Marx *meinte,* nicht der real zu existierende. Aber sofern es hier nicht um die Beurteilung von Personen geht, – warum auch ? – spielen Intentionen kaum eine Rolle, sondern Effekte.

autoritäre Konsequenzen und deren Gefahren entdeckte, die sich erst noch in voller Größe verwirklichen sollten. Seine Kritik an den „Marxisten", wonach es diesen zufolge „zur Befreiung der Volksmassen erst nötig" sei, diese „zu knechten"[46], benennt treffsicher die Zweck-Mittel-Dialektik, die in der sowjetischen Erziehungsdiktatur zur Staatsdoktrin wurde. Dagegen beschränkte sich Marx darauf, in ätzender Arroganz die Probleme der zukünftigen Wirklichkeit für begrifflich erledigt zu erklären. So konnten Bewegungen nicht gedacht, antizipiert und problematisiert werden, die sich später realisierten.

Wenn wir Bakunins *Staatlichkeit und Anarchie* durch die Brille von Marx lesen erhalten wir einen recht unangenehmen Eindruck von diesem belesenen Leser. Er zitiert ausführlich die langen Passagen, in denen Bakunin Marx zugleich antijüdisch und antideutsch attackiert, aber auch als großen Intellektuellen zeichnet. Marx über Bakunin über Marx: „Selten kann man einen Menschen finden, der so viel ‹wusste› und las und ‹so klug› las, wie Herr Marx."[47] Nur ein paar Sätze weiter kommentiert Marx Bakunins im historischen Rückblick berechtigt erscheinende Sorge, ein siegreiches deutsches Proletariat könne das slawische Proletariat versklaven, so: „Schülerhafte Eselei!"[48], um dann ein paar Lehrbuchsätze eben jenes Ökonomismus folgen zu lassen, den Bakunin gerade noch als Marx' großes wissenschaftliches Verdienst herausgestellt hatte[49] und den Marx Bakunins Voluntarismus entgegenstellt.[50] Dabei ist es egal, dass Bakunin selbst auch nur einen begrenzt

---

46 Michael Bakunin: *Staatlichkeit und Anarchie* (1873). Berlin, 2007. S.338f..

47 Karl Marx: ‚Konspekt von Bakunins ›Staatlichkeit und Anarchie‹' (1874/75), in: *MEW*. Band 18. Berlin, 1964. S.597-642. Hier: S.626.

48 Ebd. S.633.

49 „Marx hat im Gegensatz zu ihm [Proudhon] jene unbezweifelbare Wahrheit ausgesprochen und bewiesen, jene Wahrheit, die durch die ganze vergangene und gegenwärtige Geschichte der menschlichen Gesellschaft, der Völker und Staaten gestützt wird, dass nämlich das ökonomische Faktum immer dem juristischen und politischen Recht vorausgegangen ist. Gerade in der Darstellung und dem Nachweis dieser Wahrheit besteht eines der wesentlichsten wissenschaftlichen Verdienste von Marx." Michael Bakunin: *Staatlichkeit und Anarchie* (1873). Berlin, 2007. S.290.

50 „Eine radikale soziale Revolution ist an gewisse historische Bedingungen der ökonomischen Entwicklung geknüpft; letztre sind ihre Voraussetzung. (…) Er [Bakunin] versteht absolut nichts von sozialer Revolution, nur die politischen Phrasen davon;

sympathischeren Eindruck macht, weil die beiden Typen ohnehin nicht interessieren – zumindest interessieren sie mich hier nicht und wenn dann nur als Repräsentanten eines bestimmten maskulinistischen Politikstils, der auf Distinktion und Exklusion setzt und womöglich in einem inneren Verhältnis mit dem utopischen Versprechen gemeinschaftlicher Harmonie steht, dessen dialektischen Gegensatz er bildet. Dieser Politikstil hat sich unübersehbar tradiert, was wirklich nervt.[51] Aber welche Rolle spielte Marx nicht als Name für eine spezifische Subjektivität und Politik, sondern als Name für eine bestimmte Theorie? Und welche Rolle spielte dieses Denken, nach dem du fragst, für die Geschichte von Marxismus und Bolschewismus? Aus einer bestimmten antikommunistischen Perspektive trägt Marx die Schuld am Stalinismus, aus einer bestimmten marxistischen Perspektive ist er gänzlich unschuldig daran. Im einen Fall entfaltet sich die Geschichte als Umsetzung einer Theorie, im anderen Fall als Fehlinterpretation dieser Theorie, als Missverständnis. Marx als Teufel, Marx als Heiliger, einmal allmächtig, einmal allgütig, beide Male recht allwissend. So funktioniert Religion. Wollte ich eine polemische Zuspitzung erzielen, um einer minoritären Position innerhalb eines Diskurses Aufmerksamkeit zukommen zu lassen, der, zumal in Deutschland, idealistisch-philologisch hegemonialisiert ist, so würde ich formulieren: Die Bedeutung von Marx für die Russische Revolution lässt sich kaum unterschätzen.

Und zwar nicht weil er zu wenig oder nur verkürzt rezipiert worden wäre, sondern weil die Bedeutung von Theorien für Geschichte im allgemeinen und Revolutionen im besonderen niedriger angesetzt zu wer-

---

die ökonomischen Bedingungen derselben existieren nicht für ihn. (…) Der *Wille*, nicht die ökonomischen Bedingungen, ist die Grundlage seiner sozialen Revolution." Karl Marx: ‚Konspekt von Bakunins ›Staatlichkeit und Anarchie‹ (1874/75), in: *MEW*. Band 18. Berlin, 1964. S.597-642. Hier: S.633f.

51 Nachtrag: Der Maskulinismus im Allgemeinen scheint mir im Anarchismus fast noch stärker ausgeprägt zu sein als im Marxismus, in Spanien 1936 noch weniger angefochten als in Russland 1917. Das wäre weniger ärgerlich, wenn diese veraltete Geschlechtlichkeit sich darauf beschränkte, in der Vergangenheit zu bleiben. Leider reicht sie weit in die Gegenwart hinein. Nur an den Namen der Autor[...]innen gemessen war das Geschlechterverhältnis bereits in deinem letzten Band *Begegnungen feindlicher Brüder* dem Titel des Buches angemessen. Im vorliegenden Gesprächsband hat es sich noch mal verschlechtert.

den braucht, als diejenigen für gewöhnlich meinen, die sich mit dieser Frage des Verhältnisses von Theorie und Praxis am häufigsten beschäftigen – Theoretikerinnen nämlich. Ihre Theorien hierzu sind traditionell etwas voreingenommen[52]. Gegen diese Tradition würde ich darauf hinweisen, dass es offensichtlich *nicht einen* Marx gibt, *sondern unzählbar mögliche* Marxismen, von denen ungezählte realisiert wurden. Nicht einen Geist des Marxismus, sondern eine Vielzahl marxistischer Gespenster, wie Derrida sehr präzise formulierte[53]. Die Frage, welches dieser Gespenster aber zu welchem historischen Zeitpunkt aufgerufen wurde, welches mit welcher Macht wie zu spuken vermochte, ist selbst eine Frage historischer Bedingungen, materieller Kräfteverhältnisse. Das lehrt nicht zuletzt der Materialismus, zu dem ein Großteil dieser Marxismen bekanntlich auch zu gehören beansprucht. Dieser marxistische Gedanke lässt sich, wie Karl Korsch[54] es tat, reflexiv auf den Marxismus anwenden. „Der Marxismus", so formuliert es treffend Victor Serge, „unterliegt in seiner eigenen Geschichte jenen Entwicklungsbedingungen, die er erklärt."[55]

Erstaunlich daran ist nur, dass so wenig benannt wird, was doch so offensichtlich auf der Hand liegt: dass es gerade die postnazistischen Staaten sind, in denen sich mit der Neuen Wertkritik eine Marxsche Theorie durchsetzte, die vor allem Verdinglichung, aber beinahe keine Klassen, Kämpfe, Kontingenz kennt, während sich in Italien, wo es jahrelange Erfahrungen mit Arbeiterinnenautonomie gibt, eine Marxsche Theorie durchsetze, die das Zentrum gerade auf die schöpferische Eigenaktivität des Proletariats legt. Ähnliches lässt sich für Frankreich oder England zeigen und eben auch für das vorrevolutionäre Russland am Beginn des zwanzigsten Jahrhunderts. Orlando Figes macht das sehr

---

52 Eine andere Frage wäre, ob Theoretikerinnen zu einer bestimmten Politik neigen, wie Bakunin nahelegt: „Wie alle Theoretiker ist auch Marx in der Praxis ein unverbesserlicher Träumer." Michael Bakunin: *Staatlichkeit und Anarchie* (1873). Berlin, 2007. S.342f.

53 Jacques Derrida: *Marx Gespenster. Der verschuldete Staat, die Trauerarbeit und die neue Internationale.* Frankfurt, 2003.

54 Karl Korsch: *Marxismus und Philosophie* (1923/24). Frankfurt am Main, 1971.

55 Victor Serge: ‚Macht und Grenzen des Marxismus' (1939), in: ders. *Erinnerungen eines Revolutionärs 1901-1941* (1951). Hamburg, 1991. S.461-468. Hier: S.463.

deutlich, wenn er schreibt, dass „der Verlauf der Revolution (…) doch nicht so sehr durch diesen abstrakten Ideenkomplex determiniert" war, „(als ob Ideen Beine hätten und laufen könnten), als vielmehr durch die vielfältigen Formen, in denen das einfache Parteivolk und andere revolutionäre Gruppen der Gesellschaft sich diese Ideen angeeignet und sie dann umgesetzt haben. Oft genug machten diese Ideen im Verlauf der Aneignung durch das Volk eine Wandlung durch: sozialistische Theorien wurden im Kessel der Gesellschaft zu emotionalen Losungen und Parolen eingekocht; die Expropriation der Bourgeoisie wurde zu einem plebejischen Krieg gegen jede Form von Privilegien; der bolschewistische Kult von Schule und Industrie bei der Parteibasis erklärt sich aus ihrer generellen Aversion gegen die Bauern, deren Armut und Ignoranz so viele von ihnen aus ihrer eigenen unglücklichen Vergangenheit kannten."[56]

Die Aneignung und Verwendung von Theorien wird nicht von der Autorin kontrolliert, sondern von historischen Bedingungen und Kämpfen. Anstelle jener ökonomistischen und teleologischen Momente bei Marx, die ich im Bakuninkonspekt hervorgehoben habe, hätten auch jene antiteleologischen Momente kanonisiert werden können, von denen der Brief von Marx an Vera Sassulitsch beispielsweise lebt.[57] In diesem Brief und den vielzähligen Entwürfen zu ihm schlug Marx ganz gegen die „marxistische Tradition" vor, den Kommunismus aus der russischen Dorfgemeinde (*mir*) zu entwickeln, ein Vorschlag der konträr zu jener geschichtsmächtigen Verachtung für Bäuerinnen steht, die Bakunin an den Marxistinnen kritisierte.[58] Ebenso kann die „Kritik des Gothaer Programms"[59] als Nachweis dafür gelesen werden, dass die Sowjetunion

---

56 Orlando Figes: *Die Tragödie eines Volkes. Die Epoche der russischen Revolution 1891 bis 1924* (1996). München, 2001. S.19.

57 Karl Marx: ‚Brief an V.I. Sassulitsch' (8.März 1881), in: *MEW*. Band 19. Berlin, 1962. S.242-243.

58 „So wird z.B. sicherlich das gemeine Bauernvolk, das bekanntlich bei den Marxisten kein Wohlwollen genießt und das auf der niedrigsten Kulturstufe steht, durch das Stadt- und Industrieproletariat regiert werden." Michael Bakunin: *Staatlichkeit und Anarchie* (1873). Berlin, 2007. S.337.

59 Karl Marx: ‚Kritik des Gothaer Programms' (1875), in: *MEW*. Band 19. Berlin, 1962. S.12-32.

nie kommunistisch war und sich in ihrer Fetischisierung von Arbeit und Wert auch nicht auf dem Weg dahin befand. Sie kann aber, gerade da Lenin diesen Text in *Staat und Revolution* (1917) aufgriff, auch als Wegbereiter eben des Staatssozialismus verstanden werden, weil gerade die Idee, dass es einen Kommunismus erster Stufe geben müsse, als Legitimationsgrundlage für den real-existierenden herhalten konnte. Kurz, es gibt einen ökonomistischen und einen klassenkämpferischen, einen revolutionären und einen reformistischen, einen humanistischen und einen antihumanistischen, einen diktatorischen, demokratischen, einen anarchistischen[60] und mindestens einen bolschewistischen Marx. Aber wir sollten uns von der geschichtsphilosophischen Versuchung verabschieden, die historische Reihenfolge zu verkehren. Die Linie, die von Marx zu Lenin führt, ist sehr schwach ausgebildet im Vergleich zu jener, die in die entgegengesetzte Richtung zeigt. Anders formuliert: Marx hatte wesentlich weniger Einfluss auf Lenin als Lenin auf Marx.

Wer sich diesem Einfluss Lenins oder allgemeiner diesem Einfluss eines autoritären Kommunismus entzog, ihn sogar bekämpfte und ihm, was viel zu wahrscheinlich ist, auch zum Opfer fiel, muss sicherlich keine Verantwortung für die Entwicklung der Sowjetunion übernehmen, da hast du völlig Recht. Zumindest von dieser Zumutung dürfen wir die historischen Gegnerinnen des Stalinismus und der (post)stalinisierten Sowjetunion freisprechen[61]. Aber diese Sowjetunion existiert nicht mehr. Deswegen ändert sich auch das Verhältnis zu ihr. Heute ist es einfach, Anarchistin zu sein. Bakunin aber machte auf Gefahren aufmerksam: er problematisierte – wenn auch nicht an seinem eigenen Diskurs, was wesentlich schwerer wäre und mehr der heute gesuchten Perspektive entspräche – die Geschichte der Transformation, der Revolution, der Utopie. Marx machte es sich dem gegenüber leicht, er erklärte die Probleme noch vor ihrem praktischen Eintreten für theoretisch

---

60 Siehe Maximilien Rubel: ‚Marx als Theoretiker des Anarchismus' (1983), in: *Die Aktion*. Heft 152/156 (1996). S.69-99.

61 Aber welche kritischen Nachfragen ließen sich von der Gegenwart aus an sie stellen? Wie lässt sich – neben der notwendigen Erinnerung an ein heroisches und tragisches Erbe – die Geschichte des spanischen Bürgerkriegs adressieren? Welche Haltungen ihr gegenüber müssen heute wie aktualisiert und reformuliert werden? Das wäre Gegenstand für ein anderes Gespräch.

erledigt. Deswegen könnten wir sagen: Heute heißt Bakunin Recht zu geben, Marxistin zu sein. Nachdem die Traditionslinien abgerissen sind, wir also nicht in Millieus geboren werden, in denen eine Mitgliedschaft in der KPdSU oder der CGT sich anbietet, ist Identifizierung mit geschichtlichen Figuren ja zunächst als Haltung, als theatrales Rollenspiel zu haben. Für dieses würde mein Vorschlag lauten: tun wir so als seien wir Anarchistinnen, die so tun als seien sie Kommunistinnen. Aber das sind Namensspiele. Worum es geht ist einerseits, solidarisch das Erbe jener linken Kritikerinnen des Stalinismus und auch Bolschewismus zu retten, die von der gewaltsamen Geschichte an den Rand und den Rand des Vergessens gedrängt wurden – und von denen ich auch zu viele viel zu lang nicht kannte und immer noch zu wenig kenne[62] – und andererseits der Versuchung zu widerstehen, im Rückgriff auf eine bessere Tradition eben diese Geschichte vergessen machen zu wollen. Es lässt sich leider nie wieder so unschuldig von einer besseren Welt träumen wie im 19. Jahrhundert.

PHILIPPE KELLERMANN: Damit komme ich auch schon zu meiner letzten Frage: was bedeutet das alles deiner Meinung nach für das Verhältnis von Marxismus und Anarchismus?

BINI ADAMCZAK: Wofür ich plädiere, ist, die Gegenüberstellung zu dekonstruieren. Die Rede von Anarchismus und Marxismus drückt ja zunächst einen historisch fundierten Kategorienfehler aus. Reden wir vom Verhältnis Anarchismus / Kommunismus oder Bakunismus / Marxismus? Dass eine politische Strömung, die auf egalitäre Emanzipation zielt, aus dem Namen eines Urvaters gespeist werden soll, würde ich als Vorboten dessen bezeichnen, was später in einem anderen Verhältnis verharmlosend Personenkult genannt wurde[63]. Die tatsächliche Diffe-

---

62 Eben jene, die du oder Jan Rolletschek oder Hendrik Wallat (*Staat oder Revolution. Aspekte und Probleme linker Bolschewismuskritik*. Münster, 2012) listet: Rocker, Volin, Steinberg. Aber auch Serge, Goldman und viele jener, die bereits in *Gestern Morgen* ausführlicher zu Wort kamen.

63 Nikita Chruchtschow: *Über den Personenkult und seine Folgen. Rede des Ersten Sekretärs des ZK der KPdSU, Gen. N.S.Chruschtschow auf dem XX. Parteitag der KPdSU, 25.Februar 1956.* / Beschluss des ZK der KPdSU über die Überwindung des Perso-

renz zwischen den politischen Strömungen aber muss historisch konfrontiert werden. Für ihre Konstituierung spielt der Streit in der Ersten Internationale (zwischen den Anhängerinnen von Marx und Bakunin) eine schon vernachlässigbare Rolle im Vergleich zum bolschewistischen Verrat an den anarchistischen Verbündeten, den Kronstädter Matrosen, den Spanischen Revolutionärinnen. Die Differenzen in Bezug auf das Ziel (in der Definition Bucharins: Zentralismus/Regionalismus[64]) sind zwischen den Gruppen vermutlich nicht größer als die innerhalb der Gruppen selbst, vor allem aber haben sie kaum historische Wirkungen. Die entscheidenden-scheidenden Differenzen betreffen den Weg, mit dem das Ziel erreicht werden sollte. Wenn Kommunistinnen die von 1921/1936 verlangte historische Verantwortung annehmen und aus dieser heraus eine radikale Kritik des autoritativen, parteizentrierten, produktivkraftfixierten, staatsorganisierten Weges leisten, fällt diese historisch konstituierte Differenz zwischen „Anarchismus" und „Kommunismus" zusammen.

PHILIPPE KELLERMANN: Dann bleibt mir nun nur, mich für dieses interessante Gespräch zu bedanken.

---

nenkults und seiner Folgen, 30.Juni 1956. Berlin, 1990.

64 Nikolai Bucharin: ‚Anarchismus und wissenschaftlicher Kommunismus' (1918), in: Karl-Heinz Neumann (Hg.). *Marxismus Archiv*. Band 1. *Marxismus und Politik*. Frankfurt am Main, 1971. S.272-279. [http://www.marxists.org/deutsch/archiv/bucharin/1918/xx/anarch.htm]

Der schwierige Prozess von Selbstorganisation und Selbstermächtigung

Jochen Gester zu Problemen und Grenzen bei der
Verwirklichung sozialemanzipatorischer Ansprüche

Jochen Gester

Jahrgang 1951, aufgewachsen in Niedersachsen, sozialisiert durch die schwarz-braunen Kontinuitäten der BRD und politisiert durch die APO. 1971 Aufnahme eines pädagogischen Studiums und Eintritt in eine maoistische Studentenorganisation, später in den KBW. Abbruch des Studiums und Aufnahme einer ungelernten Tätigkeit, danach Umschulung zum Informationselektroniker. Arbeit als Facharbeiter bis Ende 1993, danach Studium der Politikwissenschaften an der FU Berlin. In den 80er Jahren Aktivist der Friedensbewegung, 1991 Beginn ehrenamtlicher gewerkschaftlicher Arbeit; Mitglied des Arbeitskreis Internationalismus der IG Metall Berlin seit Ende 1993; seit 2007 Sekretär der „Stiftung Menschenwürde und Arbeitswelt" Berlin, verantwortlich für das Medienportal „Die Buchmacherei".

PHILIPPE KELLERMANN: In eurem Verlag „Die Buchmacherei" habt ihr unlängst das sehr schöne Buch *Im Land der verwirrenden Lüge* von Ante Ciliga (wieder-)veröffentlicht, in dem dieser seine Erlebnisse als dissidenter Kommunist in der Sowjetunion Ende der 1920er/Anfang der 1930er Jahre beschreibt. Im dem von Willi Hajek und dir verfassten Vorwort heißt es, dass es „zur Tragik der Arbeiterbewegung" gehöre, „dass diejenigen, die diese Verhältnisse [in der stalinistischen Sowjetunion] an[.]prangerten, daran scheiterten, eine geschichtsmächtige Kraft zu bilden, die das historische Erbe des Marxismus bewahren konnte"[1]. Mich hat erstaunt, dass ihr in diesem Zusammenhang die wohl frühesten und grundsätzlichsten KritikerInnen an den Zuständen in der Sowjetunion – man bedenke exemplarisch Rudolf Rockers *Der Bankerott des russischen Staatskommunismus*[2] –, nämlich die gesamte anarchistische Tradition, überhaupt nicht erwähnt. Dies erschien mir umso erstaunlicher, als dass gerade Albert Camus, auf dessen Streit mit Sartre Anfang der 1950er Jahre ihr etwas vage hinweist, selbst bei der Verteidigung seines Buches *Der Mensch in der Revolte*[3] folgendes gegen seine marxistischen Kritiker – allen voran Sartre – anführte: „Schweigen oder Hohn in bezug auf jede revolutionäre Tradition, die nicht marxistisch ist. Die Erste Internationale und die bakuninsche Bewegung, die noch unter den Massen der spanischen und französischen CNT lebendig ist, werden ignoriert. (…) Der revolutionäre Syndikalismus wird verspottet, während meine wahren Argumente zu seinen Gunsten, gestützt auf seine Errungenschaften und auf die wirklich reaktionäre Entwicklung des cäsaristischen Sozialismus, unterschlagen werden. Ihr [Sartre] Mitarbeiter [Jeanson] schreibt, als wenn er nicht wüsste, dass der Marxismus ebenso wenig die revolutionäre Tradition begründet wie die deutsche Ideologie die Zeit der Philosophie eröffnet."[4] Könnte man nun nicht auch euch,

---

1 Willi Hajek/Jochen Gester: ‚Vorwort der Herausgeber', in: Ante Ciliga. *Im Land der verwirrenden Lüge* (1938). Berlin, 2010. S.9-12. Hier: S.9.
2 Rudolf Rocker: *Der Bankerott des russischen Staats-Kommunismus* (1921). Berlin, 1968.
3 Albert Camus: *Der Mensch in der Revolte* (1951). Reinbek, 1969.
4 Albert Camus: ‚Brief an den Herausgeber der ›Temps Modernes‹' (1952), in: Jean-Paul Sartre. *Krieg im Frieden*. Band 2. Reinbek, 1982. S.7-26. Hier: S.17f.

zwar keinen „Hohn", aber doch ein „Schweigen" „in bezug auf jede revolutionäre Tradition, die nicht marxistisch ist", vorwerfen?

JOCHEN GESTER: Zu dieser Frage möchte ich zuerst zustimmend anmerken, dass auch ich den Eindruck habe, dass die Kenntnis revolutionärer Traditionen außerhalb des marxistischen Gedankenguts in einem großen Spektrum der von Marx inspirierten Linken eher dünn ist. Doch ist es kein Schweigen wider besseren Wissens und auch keines des schlechten Gewissens. Es ist erst einmal das Ergebnis der politischen Sozialisation des größten Teils der politischen Linken. Diese Sozialisation entwickelt sich ja nicht als offener wissenschaftlicher Diskurs bei vollständiger Erfassung der Literatur, sondern in direkter Bezugnahme auf politische Organisationen und Parteien, ja vor allem auf Menschen aus diesen Gruppen, die man persönlich kennen lernen kann. Sie machen Angebote über mögliche Wege gesellschaftlicher Veränderung und man wählt dann aus, wer und was einem zusagt. Nicht selten erhalten die Organisationen den Vorzug, die groß und mächtig erscheinen oder versprechen dies werden zu können. Die Chance hier einem Libertären über den Weg zu laufen ist für die meisten erst einmal recht gering; und wenn, dann sind es nicht selten junge IndividualistInnen, die sich für viel interessieren, doch nicht für die Entwicklung kollektiven Widerstands gegen die Zwänge der Arbeitswelt. Und wer erst einmal dabei ist, begnügt sich schnell mit der meist apologetischen Sekundärliteratur über andere politische Strömungen von seiner Partei. Dieses Regelprozedere kommt am ehesten in die Krise, wenn der eigene Laden richtig Schiffbruch erleidet. Dann schaut man sich um und sieht plötzlich Fenster, die noch ungeöffnet sind. So ist das eigentlich auch bei mir gelaufen. Ich war in den 70er Jahren Maoist. Heute würde ich mich als libertären Sozialisten bezeichnen. Auf dem Wege dorthin habe ich mich sehr spät mit der libertären Strömung in der ArbeiterInnenbewegung befasst und für sie neue Sympahien entwickelt. Auch versuche ich in diesem Sinne innerhalb realer sozialer Kämpfe orientierend Einfluss zu nehmen. Ein konkretes Beispiel war die von der FAU (Freie ArbeiterInnen Union) unterstütze Auseinandersetzung um die Durchsetzung gewerkschaftlicher Standards im Babylon-Kino in Berlin. Die Berliner Arbeitsgerichte hatten in der ordnungspolitischen Tradition des nachfaschistischen deutschen Arbeitsrechts der FAU nicht nur die Rechte einer Gewerkschaft abgesprochen. Sie hatten ihr sogar verboten sich als Gewerkschaft zu bezeichnen Dagegen bin ich zusammen mit anderen KollegInnen entgegen der offiziellen Position der DGB-Gewerkschaften als Aktivist vom Arbeitskreis Internationalismus der IG Metall Berlin öffentlich aufgetreten und habe mich für eine verbandsübergreifende Kooperation von gewerkschaftlichen BasisaktivistInnen, die das Koalitionsrecht verteidigen, eingesetzt.

Der schwierige Prozess von Selbstorganisation und Selbstermächtigung ist auch die sich durchziehende Idee in den von uns gemachten Büchern. Wenn sich im Vorwort des Ciliga-Buches kein direkter Verweis auf die AnarchistInnen findet, bedeutet es nicht, dass wir deren Einschätzungen zur Entwicklung der Sowjetunion ablehnen. Ich habe Alexander Berkman[5] und Volin gelesen und finde ihre Analysen sehr treffend. Am liebsten würde ich auch die dreibändige Ausgabe von Volins *Die unbekannte Revolution* noch mal auflegen.[6]

Das Besondere des Ciliga-Buches lag für uns gerade darin, dass hier ein ranghoher Vertreter der Komintern einen Lernprozess durchmacht, an dessen Ende nicht nur Stalin, sondern auch Trotzki und Lenin in Ungnade fallen. Das Buch ist ein Angebot an die vielen ML-Sozialisierten, ihre trotzig gehüteten „Gewissheiten" einmal auf ihre emanzipatorische Substanz hin zu überprüfen, exemplarisch und authentisch durchexerziert von einem, der Fleisch vom Fleisch war und den Bolschewismus nicht von rechts kritisiert.

Diesem Ciliga-Buch folgte dann das kleine Bändchen von Klaus Gietinger über die Kommune von Kronstadt.[7] Gietinger beruft sich hier ausgiebig auf Emma Goldman, Alexander Berkman u.a. Ziel auch dieses Buches war es den Schutzpanzer leninistischer Geschichtslegenden zu

---

5 Alexander Berkman: *Der bolschewistische Mythos. Tagebuch aus der russischen Revolution 1920-1922* (1925). Lich, 2004.

6 Volin: *Die unbekannte Revolution*. Band 1 (1947). Hamburg, 1975; Volin: *Die unbekannte Revolution*. Band 2 (1947). Hamburg, 1976; Volin: *Die unbekannte Revolution*. Band 3 (1947). Hamburg, 1976/77.

7 Klaus Gietinger: *Die Kommune von Kronstadt*. Berlin, 2011.

knacken und ein grundsätzlicheres Nachdenken darüber, was die Sowjetunion historisch war, zu ermöglichen. Es war eine der ganz wenigen Neuerscheinungen zum 90. Jubiläum des Kronstadtaufstands.

Als wenig hilfreich empfinde ich allerdings den Wunsch, den alten Richtungsstreit zwischen Marxismus und Anarchismus nach über 100 Jahren noch einmal neu aufzulegen. Dies wäre nur verständlich, wenn man dem Marxismus jegliches emanzipatorisches Potenzial abspricht, was ich recht abgedreht finde. Viel naheliegender ist der Dialog. Er kann beide Seiten befruchten. Ein gutes Beispiel dafür, wie das möglich ist, gibt Daniel Guèrin. Gegen den Prinzipienstreit spricht noch ein prinzipiellerer Umstand: Die Realität lässt sich nur begrenzt vermittels Theorien erfassen und verändern. Soziale Veränderungen basieren vor allem auf der Bereitschaft und der Fähigkeit von Menschen zu gemeinsamem Handeln und den dabei gewonnenen Einsichten. Die Nützlichkeit von Theorien misst sich dann daran, ob sie diesen Prozess fördern oder nicht. Und oft genug kommt es zu Ergebnissen, die so weder in das eine noch das andere Lehrbuch passen, aber von der Mehrheit zu diesem Zeitpunkt gewollt werden.

Etwas anders ausgedrückt hat das Guèrin in seinem 1973 in New York gehaltenen Vortrag „Anarchismus und Marxismus": „Wie es der libertäre Geschichtsschreiber Kaminsky in seinem hervorragenden Buch über Bakunin ausgedrückt hat, ist eine Synthese zwischen Anarchismus und Marxismus nicht nur notwendig, sondern auch unvermeidlich. ‚Die Geschichte', fügt er hinzu, ‚schafft sich ihre Kompromisse selbst'. Ich möchte anmerken – und das ist meine eigene Meinung – dass ein libertärer Kommunist, Ergebnis einer solchen Synthese, zweifellos die tiefen Wünsche – auch wenn sie sich dessen bisher manchmal noch nicht voll bewusst sind – der fortgeschrittenen Arbeiter ausdrückt, die man heute die ‚Arbeiterlinke' nennt, vielmehr als der degenerierte autoritäre Marxismus und der versteinerte Altanarchismus."[8] Diese „Arbeiterlinke" hat in Frankreich z.B. so etwas wie die SUD auf die Beine gestellt und auch in der zahlenmäßig viel unbedeutenderen „Arbeiterlinken" in Deutschland gehen ein Teil der AkteurInnen, die vorher nur in getrennten theo-

---

8 Daniel Guèrin: *Anarchismus und Marxismus* (1973). Moers, o.J. S.18.

retichen Schulen existierten, heute aufeinander zu und versuchen es miteinander in einem offenen Lernprozess. Ich freue mich dabei zu sein und hoffe, dass diese Pflänzchen wachsen können und nicht an der Krankheit zugrunde gehen, die so viele linke Strukturen zerstört: die mangelnde Fähigkeit bestehende Differenzen zu respektieren und auszuhalten.

Vor dem Hintergrund des offenen Bankrotts des sogenannten Realsozialismus und der Tatsache, dass die Sozialdemokratie nur noch für privilegierte Sektoren der Arbeitsgesellschaft als Reformkraft des real existierenden Kapitalismus wirkt, gäbe es durchaus Chancen für eine Renaissance libertären Gedankenguts.

Die Geschichte zeigt aber auch, dass sich solche Chancen verspielen lassen, z.B. durch scholastische Debatten, bei denen es weniger um die konkrete Verbesserung der Arbeits- und Lebensbedingungen der dem Lohnsystem unterworfenen Menschen geht, als vielmehr um das Renommee und die Stellung der den Diskurs oder den Verband steuernden Intellektuellen. Im realen Leben kommt es in erster Linie darauf an, dass die Menschen beginnen selbstständig zu denken und zu handeln und ihre eigenen Schlüsse ziehen. Dies mit Rat und Tat zu begleiten, ohne ihnen ständig zu sagen, was sie zu denken haben, ist revolutionäre emanzipative Politik. Es gibt keinen vernünftigen Grund, warum undogmatische AnarchistInnen und kritische MarxistInnen dies nicht gleichermaßen überzeugend praktizieren könnten.

PHILIPPE KELLERMANN: In deiner Antwort sprichst du viele wichtige Dinge an. Ich möchte allerdings zuerst eine etwas eher persönlichere Frage stellen. Du erwähntest, dass du in den 1970er Jahren aktiver Maoist gewesen bist. Dunkel erinnerte ich mich, dass Henning Böke in seinem Maoismus-Bändchen auf die Differenzen zwischen dem eher libertär ausgerichteten französischen und dem dogmatischen deutschen Maoismus hingewiesen hat. Dort nachgeschlagen bemerkte ich, dass sich Böke dabei auf Aussagen von Willi Hajek bezog[9], mit dem du zusammen ja das Vorwort zu Ciligas *Im Land der verwirrenden Lüge* verfasst hast. Könntest du ein paar Worte zum Verhältnis von Maoismus und Anarchismus sagen? Mir nämlich scheint die Frage spannend, inwieweit das,

---

9 Henning Böke: *Maoismus. China und die Linke – Bilanz und Perspektive*. Stuttgart, 2007. S.124ff.

was gerade in Frankreich im Gefolge von 1968 als Maoismus verstanden wurde, durchaus Berührungspunkte mit libertären Vorstellungen hatte. Vielleicht ist es auch kein Zufall, wenn sich führende MaoistInnen der damaligen Zeit in den darauf folgenden Jahren zumindest zeitweise durchaus anarchistischen Gedanken annäherten. Ich denke dabei vor allem an André Glucksmann, dessen Buch *Köchin und Menschenfresser* vom Wagenbach Verlag seinerzeit als die „nach Bakunin radikalste Kritik an jedem staatlichen Denken" angepriesen wurde.[10]

JOCHEN GESTER: Das Buch von Henning Böke habe ich damals auch gelesen und auch rezensiert.[11] Es war damals eine der ganz wenigen Neuerscheinungen, die sich in historischer Reflexion dem Maoismus zuwandten. Ich fand das erfreulich. Bökes Hoffnung auf einen von innen durch Teile der KP erneuerten Maoismus teile ich jedoch nicht. Die Wiederaufnahme der positiven Momente des revolutionären Prozesses in China kann meiner Einschätzung nach nur von unten, durch die Kämpfe der WanderarbeiterInnen und durch Teile der prekarisierten alten ArbeiterInnenklasse erfolgen. Die tausenden von vereinzelten Widerstandsaktionen, die aktuell dort zu besichtigen sind, werden vor dem Hintergrund der negativen Erfahrungen mit dem leninistischen Parteimodell jedoch perspektivisch nur dann etwas Neues hervorbringen, wenn sie selbstorganisiert sind und die Organisationsfreiheit verwirklichen.

Das Verhältnis von Maoismus und Anarchismus ist ziemlich verrückt: Die mediale Inszenierung des chinesischen Maoismus hat trotz des Personenkults um den großen Steuermann durchaus anarchistische Phantasien wecken können. Auch die Kulturrevolution hat diese Hoffnungen beflügelt. Wie das möglich war, hat Wolfgang Ratzel in einem Artikel der *SoZ* gut auf den Punkt gebracht.[12] In den Köpfen der meisten

---

10 André Glucksmann: *Köchin und Menschenfresser. Über die Beziehung zwischen Staat, Marxismus und Konzentrationslager* (1974). Berlin, 1977. Klappentext.

11 In: *SoZ – Sozialistische Zeitung*. September 2007. S.18. [http://www.vsp-vernetzt.de/soz-0709/0709181.php]

12 Wolfgang Ratzel: „Zaofan youli‹ – Rebellion ist vernünftig! Über die Faszinationskraft des kulturrevolutionären Maoismus auf die 68er-Bewegung', in: *SoZ – Sozialistische Zeitung. Oktober 2008. S21 [Sozialistische Zeitung. Oktober 2008. S.21 [http.*

MaoistInnen gab es ja auch einen ganz eigenen Kampf zweier Linien, nämlich zwischen autoritärem Schutzbedürfnis und Kadereitelkeiten auf der einen und der Faszination von Freiheit und Befreiung auf der Gegenseite. Gerade in ihrer Formierungsphase haben die maoistischen Gruppen ja auch viele rebellische junge Menschen angezogen, etwa die gleichen jungen Leute, die später zu den Autonomen gingen. Der Niedergang der Organisationen verlief parallel zur Austreibung dieser Freiheitsbedürfnisse zugunsten von Gehorsam und Opportunismus. Letztlich siegte die politische Kultur von kirchlichen Orden und die neuen Mönche waren dann froh, dass sie aus dem Kloster noch entkommen konnten. Sie haben dann vor allem versucht „zu leben".

Was die Unterschiede zwischen dem französischen und dem deutschen Maoismus betrifft, so habe ich den Eindruck, dass in Frankreich das kleinbürgerliche Sektenwesen nicht so ausgeprägt war. Die wohl größte Strömung, die *Gauche Prolétarienne* repräsentierte ja auch nicht so eine späte KP-Karikatur wie es die meisten ML-Zirkel in Deutschland waren. Die GP musste sich auch noch viel massiver gegen die KPF (Kommunistische Partei Frankreichs) als autoritäre und bevormundende Ordnungsmacht zur Wehr setzen. Dagegen war die DKP ja viel unbedeutender. Der Zerfall des Maoismus in Frankreich hat dann zwar solche Renegaten wie Stéphane Courtois hervorgebracht. Doch auf der anderen und wohl bedeutenderen Seite hat er dazu geführt, dass viele MaoistInnen sich den libertären Traditionen zuwandten, Traditionen, die ja auch in der dortigen ArbeiterInnenbewegung immer eine größere Rolle gespielt haben als in Deutschland, auch wenn sie nie so organisationsmächtig werden konnten wie die beiden staatsorientierten Hauptströmungen. Schon vor der 68er-Studentenbewegung gab es ja bekanntlich so erkenntnisreiche Gruppen wie *Socialisme ou Barbarie*. Auch in Deutschland haben sich viele maoistische Kader neu erfunden, nachdem ihre KP-Träume geplatzt waren. Sie wurden „heimlicher Chef von Opel" (Klaus Franz), „Reformer" und IGM-Vorsitzender (Bertold Huber) oder vielleicht demnächst Vizekanzler (Jürgen Trittin). Doch es gibt auch andere. So kenne ich in meinem persönlichen Umfeld nicht wenige Ex-MaoistInnen, die heute libertär sind und dies als Konsequenz ihrer maoistischen Phase begreifen. In der praktischen Politik bedeutet das vor allem, dass wir Demokratie viel ernster nehmen als alle Strömungen, die nach wie vor in der Tradition des Leninismus Politik machen und zu dieser Frage ein ausgeprägt taktisches Verhältnis haben.

PHILIPPE KELLERMANN: Ich komme auf eine Bemerkung aus deiner ersten Antwort zurück, die die Organisationsproblematik betraf. Du sprachst von den „recht geringen" Chancen, in den großen Organisationen „einem Libertären über den Weg zu laufen" und erwähntest das Problem von „nicht selten jungen IndividualistInnen, die sich für viel interessieren, doch nicht für die Entwicklung kollektiven Widerstands gegen die Zwänge der Arbeitswelt". Damit ist auf ein Problem verwiesen – nämlich das der „Ablehnung jeglicher Form von Organisation" –, welches auch viele AnarchistInnen als „chronisches Leiden" der eigenen Bewegung thematisiert haben[13] und das an Friedrich Engels' Polemik erinnern lässt, wonach „die Anarchisten denn auch lauter ‚Einzige' geworden" seien, „so einzig, dass ihrer keine zwei sich vertragen können"[14].

Diese Problematik hängt meines Erachtens mit der grundsätzlichen Vorstellung des Anarchismus zusammen, wonach „eine egalitäre und freie Gesellschaft" „unmöglich" „aus einer autoritären Organisation hervorgehen" könne.[15] Große Teile des organisierten Anarchismus legten hiervon ausgehend interessante Konzeptionen zur Organisationsfrage vor, so z.B. Arman Ross: „Die Anarchisten wollen auch eine starke Organisation, sie sind auch für die Einheit. Der ganze Unterschied besteht darin, dass für die letzteren [die Anarchisten] die Einheit von den Sektionen selbst ausgeht und ihre ganze Kraft, ihre ganze Macht auf der Autonomie der Sektionen beruht. Wie Sie wissen, erkennen sie keinerlei Macht, keinerlei Regierung über sich an. Es wird die vollstän-

---

13 Sam Dolgoff: *Anarchistische Fragmente. Memoiren eines amerikanischen Anarchosyndikalisten* (1986). Lich, 2011. S.82f.

14 Friedrich Engels: ‚An Max Hildebrand' (22.Oktober 1889), in: *MEW*. Band 37. S.292-293. Hier: S.293.

15 James Guillaume: ‚Zirkular von Sonvillier' (12.November 1871), in: Wolfgang Eckhardt (Hg.). *Michael Bakunin. Konflikt mit Marx. Teil 2: Texte und Briefe ab 1871.* Berlin, 2011. S.689-696. Hier: S.695.

dige Beseitigung der Zentralgewalt und eine umfassende Autonomie als Garantie der Einheit und Grundlage einer starken Organisation gefordert. Ich sagte – ausgenommen die letzte Aussage: ‚Ohne eine Zentralgewalt kann man keinen Krieg führen.' Und in der Tat geht es doch nicht um Soldaten, um Maschinen, sondern in Wirklichkeit um Menschen, ja mehr noch: um Menschen, die denken und urteilen können; ein phantastischer Gedanke von ihnen verlangen zu wollen, dass sie sich irgendeiner Macht unterwerfen sollten, das sie versuchen sollten, sich irgendeiner äußeren Macht unterzuordnen."[16]

Andere – und dazu zählen dann auch jene von dir angesprochenen „IndividualistInnen" – haben dann allerdings, vielleicht auch vor dem Hintergrund der praktischen Schwierigkeiten bei der Verwirklichung einer solchen Organisationskonzeption, den Schluss gezogen, dass die zu bewahrende Freiheit des Einzelnen in der Praxis von jeder Organisationsform negiert wird. Viele – gerade auch von marxistischer Seite – haben diese Position wiederum dahingehend (und irreführenderweise) verallgemeinert, dass *dem* Anarchismus unterstellt wurde/wird, jede Form von Organisation abzulehnen. Hiergegen haben AnarchistInnen mit Recht immer wieder vehement Einspruch erhoben: „Bakunin, der große Verkünder der individuellen Freiheit, die er jedoch stets nur im Rahmen der Interessen der Allgemeinheit auffasste, anerkannte auch vollständig die Notwendigkeit einer gewissen Unterordnung der einzelnen unter freiwillig gefasste Beschlüsse und allgemeine Richtlinien als im Wesen der Organisation begründet. Er erblickte in dieser Tatsache keineswegs eine ‚Vergewaltigung der freien Persönlichkeit', wie so manche verknöcherten Dogmatiker, die, berauscht von einem halben Dutzend leerer Schlagworte, niemals in das eigentliche Wesen der anarchistischen Ideengänge eingedrungen sind, trotzdem sie sich stets mit lauter Aufdringlichkeit als die Gralswächter der ‚anarchistischen Prinzipien' aufspielen."[17]

---

[16] Arman Ross: ‚An Petr Lavrov' (1.August 1872), in: Wolfgang Eckhardt. *Michael Bakunin. Konflikt mit Marx. Teil 2: Texte und Briefe ab 1871.* Berlin, 2011. S.1071-1076. Hier: S.1071f.

[17] Rudolf Rocker: ‚Anarchismus und Organisation' (1921), in: ders./F.Amilié/ H.D.Bahr/ A.Krešić. *Anarchismus und Marxismus.* Band 1. Berlin, 1973. S.25-66. Hier: S.36.

Der „anarchistische Weg" scheint jedenfalls ein sehr schwieriges Unterfangen zu sein. Andererseits erscheint der „leichte Weg", nämlich der, den die partei-marxistische Bewegung eingeschlagen hat, indem sie die Frage der Vermittlung von Freiheit hier und Freiheit morgen gar nicht erst stellte, sondern Fragen der organisatorischen Binnenstruktur zumeist rein funktionalistisch und deshalb letztlich als zentralistische Gehorsams- und Unterordnungsbeziehungen konzipiert hat, zwar durchaus als „erfolgreich", nur eben nicht im Hinblick auf das Ziel einer emanzipatorischen Transformation.

Wie sind deine Positionen zur Organisationsfrage und worin unterscheiden sich die des früheren „Maoisten" vom „libertären Sozialisten" heute?

JOCHEN GESTER: Zuerst ein paar grundsätzlichere Bemerkungen zur Organisationsfrage, bevor wir uns dem linkradikalen Mikrokosmos zuwenden. Ich glaube, dass es – bedingt durch ganz verschiedene Ursachen – eine historische Tendenz in den entwickelten kapitalistischen Gesellschaften zur Desorganisation gibt; sprich die Bereitschaft der Leute sich in die Obhut politischer Organisationen zu begeben, sinkt. Die klassischen großen Parteiorganisationen verlieren drastisch an Mitgliedern. In der SPD ist z.B. die Zahl der Mitglieder von fast einer Millionen auf unter 500 000 gesunken. Das sind weniger als 1906. Ebenso drastische Mitgliedereinbußen haben die Gewerkschaften. Ihre ehrenamtlichen Strukturen, wie z.B. Vertrauensleutekörper führen im Vergleich zu früher nur noch ein Schattendasein. Oft haben sie nie existiert und in vielen anderen Fällen stehen sie unter der Fuchtel des Betriebsrats ohne wirkliche Kontrollfunktion. Abgesehen von einigen Domänen der fordistischen ArbeiterInnenbewegung wie dem Auto- und Maschinenbau und Teilen des öffentlichen Dienstes ist der heute repräsentative Betrieb gewerkschaftsfrei bzw. liegt der Anteil der organisierten Lohnabhängigen eher bei 10 als bei 50%. Wenn sich Bürgerinnen und Bürger organisieren, tun sie das heute eher auf Zeit und dann zumeist auf ein konkretes Ziel gerichtet, z.B. in einer BürgerInneninitiative. Die Vorstellung, es könne eine Renaissance von Massenorganisationen wie in der Weimarer Republik geben, erscheint gegenwärtig abwegig. Die meisten linken Organisationen haben Mitglieder im Hunderterbereich. Die größten zählen ein paar tausend AnhängerInnen. Zahlenmäßig am größten mit etwa

25 000 Mitgliedern ist vielleicht attac, das jedoch eher eine Mischung aus Netzwerk und *Think-Tank* ist. Die Hoffnung der verschiedenen Gruppen in der Tradition des Leninismus einmal Größensprünge zu vollziehen wie es die SDPR(B) in Russland 1917 vermochte, ist Schwärmerei und nicht ernst zu nehmen. Diese Desorganisation ist insofern ein Problem, da das gesamte antikapitalistische Spektrum unter diesen Voraussetzungen wenig Chancen zu einer zielgerichteten Intervention in Massenbewegungen hat. Es markiert aber auf der anderen Seite auch einen Fortschritt. Denn die Organisationsmacht von Gewerkschaften und Parteien hat auch immer wieder die Entwicklung selbstermächtigenden Handelns unterdrückt und als Unterstützung repressiver und anti-emanzipativer Politik gewirkt. Heute ist die Reichweite dieser Organisationen deutlich geringer als früher und damit wachsen auch die selbstständigen Entwicklungsmöglichkeiten, sinkt die Berechenbarkeit von Bewegungen.

Nun zur Frage, welche Art von Organisation unser Ziel sein sollte. Mit meiner Anmerkung auf deine erste Frage über die Bedeutung kollektiven Widerstands gegen die Zwänge des Lohnarbeitslebens wollte ich zum Ausdruck bringen, dass die Überwindung des Kapitalismus zur Voraussetzung hat, dass die lohnabhängige gesellschaftliche Mehrheit eine eigene und neue Kollektivität herausbildet. Diese Kollektivität kann nicht erzwungen sein wie der Dienst in einer Armee. Sie kann sich nur freiwillig herausbilden, versuchen, in mühseligen Anstrengungen einen Konsens über gemeinsame Interessen herzustellen, zu Einheit bei Wahrung der Vielfalt zu gelangen. Und wenn kein Konsens möglich ist, müssen Verfahren gefunden und akzeptiert werden, bei denen Minderheiten bereit sind sich Mehrheiten zu beugen, weil sie wissen, dass die AnhängerInnen der gegenwärtigen Mehrheit im Umkehrfall dazu auch bereit sind und diese Verpflichtung nicht mit fiesen Tricks unterlaufen. Dieses „Beugen" bedeutet natürlich nicht, dass Minderheiten ihre Positionen aufgeben müssen, sondern verlangt von ihnen, dass sie in der Praxis eine beschlossene Vorgehensweise nicht torpedieren, z.B. eine Fabrik zu besetzen, um ihre Stilllegung zu verhindern, oder der/m FirmenchefIn, Lohnabstufungen, unbezahlte Überstunden oder einen Verzicht auf Weihnachts- und Urlaubsgeld anbieten, damit er seinen Schließungsbeschluss zurücknimmt. Die Erfahrungen mit dem Erfolg der jeweiligen Taktik kann dann dazu führen, dass sich die Mehrheitsverhältnisse wieder ändern. All dies, die Diskussion über die Besetzung, die Durchführung der Besetzung selbst oder auch das Aushandeln von Angeboten, die eine Belegschaftmehrheit für den geeigneten Schritt hält, muss organisiert werden. Wer das nicht sieht und wer das nicht kann, muss scheitern. Auch die in solchen Kämpfen nötige Kontaktaufnahme mit anderen Teilen von Lohnabhängigen, auf deren Solidarität man angewiesen ist, stellt sich nicht von allein her. Es bedarf tätiger, organisierender Kerne. Ergo: Ohne Organisation kein Erfolg und auch keine weiterreichenden Perspektiven.

Der Unterschied zwischen dem früheren Maoisten und dem heutigen libertären Sozialisten besteht darin, dass ich früher – wie heute, wenn auch in unterschiedlicher Ausprägung, noch die allermeisten ParteigängerInnen des leninistischen Modells – auf dem Standpunkt stand, es gäbe Kraft Erkenntnis eine Avantgarde, die bereits weiß, wohin die Reise gehen muss und was für die Anderen gut ist. Das zu lösende Problem besteht danach im Prinzip „nur" darin, dass „die Massen" das endlich begreifen und sich wie ein Mann hinter ihrer Führung versammeln. Und wenn „die Massen" etwas anderes sagen und tun, dann liegt es an ihrer Indoktrination durch bürgerliche Kräfte, keinesfalls aber daran, dass sie sich selbst etwas dabei gedacht haben, das ihnen vernünftig erscheint. Es herrscht die Logik: „Wo wir nicht sind, ist der Feind", und nicht: „Wir sind verschiedener Meinung und müssen einen *Modus Vivendi* finden, mit dem alle leben können."

Als libertärer Sozialist habe ich zwar kein Problem mit meiner Minderheitsposition. Denn ich weiß, dass es selbstbewusster Minderheiten bedarf, um in der Gesellschaft neue Erkenntnisse mehrheitsfähig zu machen. Doch bin ich auch davon überzeugt, dass der olle Marx Recht hatte, als er schrieb, dass „die Emanzipation der Arbeiterklasse durch die Arbeiterklasse selbst erobert werden muss".[18] Die kann ihnen niemand abnehmen oder vormachen – „kein Gott, kein Kaiser noch Tribun" und natürlich auch keine ML-Partei, nicht mal eine Partei, in der sich Rosa Luxemburg wohlfühlen würde. Befreiung ist im Kern immer etwas In-

---

18 Karl Marx: ‚Provisorische Statuten der Internationalen Arbeiter-Assoziation' (1864), in: *MEW*. Band 16. Berlin, 1964. S.14-16. Hier: S.14.

dividuelles, auch wenn man es gemeinsam tut.

So weit, so gut, jedoch nicht befriedigend. Auch bei der „Organisationsfrage" liegen die Schwierigkeiten in den berühmten Mühen der Ebene, bei der Entwicklung neuer Formen von Kooperation und Gesellschaftlichkeit. Die Menschen, um deren soziale Emanzipation es uns geht und bei denen wir hoffen, dass diese zu erreichen auch ihr Wunsch wird, stehen jedoch mitten drin in hierarchischen und entfremdeten Verhältnissen. Dies ist die prägende Normalität. Dazu kommen dann noch die diversen linksintellektuellen Gegen-Eliten, die diese Verhältnisse zum Teil reproduzieren und ihre Mitglieder zu unerschöpflicher Aktivität antreiben. Schon kräfte- und zahlenmäßig sind die Linken, die für eine egalitäre und selbstbestimmte Kultur stehen, recht übersichtlich und oft scheuen sie auch die dafür nötigen Anstrengungen. Sie genügen sich in ihrer intellektueller Belesenheit und dem Verkünden abstrakter alternativer Lehrsätze. Da haben die Konservative aller Schattierungen leichtes Spiel.

PHILIPPE KELLERMANN: Zu deinen Ausführungen fällt mir eine Stelle aus Bakunins *Staatlichkeit und Anarchie* ein, wo er schreibt: „Idealisten aller Art, Metaphysiker, Positivisten, Verfechter einer Vorherrschaft der Wissenschaft über das Leben, doktrinäre Revolutionäre, sie alle zusammen verteidigen mit dem gleichen Feuer, wenn auch mit verschiedenen Argumenten, die Idee des Staates und der staatlichen Macht, weil sie darin, *vollkommen logisch*, das ihrer Ansicht nach einzige Heil der Gesellschaft sehen. *Vollkommen logisch* deshalb, weil sie dann, wenn sie einmal von der unserer Ansicht nach völlig falschen These ausgehen, dass das Denken dem Leben und die abstrakte Theorie der gesellschaftlichen Praxis vorausgeht und dass deshalb die Wissenschaft der Soziologie Ausgangspunkt für gesellschaftliche Umwälzungen und Umstrukturierungen sein muss, – notwendigerweise zu dem Schluss kommen, dass deshalb, weil Denken, Theorie und Wissenschaft wenigstens heute der Besitz nur einiger weniger sind, eben diese wenigen die Anführer des gesellschaftlichen Lebens sein müssen und nicht nur die Initiatoren, sondern auch die Leiter aller Volksbewegungen und dass am Tag nach der Revolution die neue gesellschaftliche Organisation nicht durch die freie Vereinigung von Volksassoziationen, Kommunen, Bezirken und Gebieten von unten nach oben entsprechend den Bedürfnissen und Instinkten des Volkes geschaffen wird, sondern allein durch die diktatorische Gewalt dieser gelehrten Minderheit, die angeblich dem Willen des ganzen Volkes Ausdruck verleiht. Auf dieser Fiktion einer Pseudovolksvertretung und auf dem wirklichen Faktum, dass die Volksmassen von einer kleinen Handvoll Privilegierter regiert werden, Gewählter oder sogar nicht Gewählter durch die Menge des Volkes, das man zu den Wahlen zusammengetrieben hat und das nie weiß, wozu und wen es wählt; auf diesem vermeintlichen und abstrakten Ausdruck dessen, was angeblich das ganze Volk denkt und will, wovon aber das lebendige, reale Volk auch nicht die geringste Vorstellung hat, darauf basiert in gleicher Weise die Theorie der Staatlichkeit und die Theorie der sogenannten revolutionären Diktatur. Der ganze Unterschied zwischen revolutionärer Diktatur und Staatlichkeit besteht nur in den äußeren Umständen. Faktisch bedeuten sie beide das Gleiche: die Verwaltung einer Mehrheit durch eine Minderheit im Namen der angeblichen Dummheit ersterer und der angeblichen Weisheit letzterer. Deshalb sind sie auch gleich reaktionär und haben, die eine wie die andere, als unmittelbares und notwendiges Ergebnis die Sicherung politischer und ökonomischer Privilegien für die herrschende Minderheit und die politische und wirtschaftliche Versklavung der Volksmassen."[19]

Bakunin hat nun diese Form von Kritik explizit (auch) an die Adresse von Marx gerichtet. Du hingegen beziehst dich positiv auf Marx. Wie würdest du – dies wäre meine nächste Frage – den Konflikt zwischen Marx und Bakunin im Rahmen der Internationalen Arbeiter-Assoziation interpretieren? Haben wir es hier mit einem ernsthaften inhaltlichen „Richtungsstreit" zu tun oder steht am Ursprung der Auseinandersetzung zwischen AnarchistInnen und MarxistInnen so etwas wie ein Missverständnis? Ferner, da du zu Beginn – im Anschluss an Guérin – davon gesprochen hast, dass es um eine „Synthese zwischen Anarchismus und Marxismus" gehe, die „nicht nur notwendig, sondern auch unvermeidlich" sei: Welche Differenzen bestehen deiner Meinung nach zwischen Anarchismus und Marxismus, und inwiefern können beide voneinander lernen?

---

[19] Michael Bakunin: *Staatlichkeit und Anarchie* (1873). Berlin, 2007. S.282f.

JOCHEN GESTER: Ich möchte vorwegschicken, dass meine theoretischen Kenntnisse insbesondere der verschiedenen anarchistischen Strömungen noch ziemlich bescheiden sind und meine Antworten sich nicht auf eine gründliche Lektüre stützen können. Auch werde ich mich nur zu den Strömungen des Anarchismus äußern, die einen Bezug auf die ArbeiterInnenklasse haben. Eine Antwort in Kürze: Die Kontroversen zwischen MarxistInnen und AnarchistInnen scheinen mir insofern keine Missverständnisse zu sein, als sie in der Praxis verschiedene Strategien der sozialen und politischen Intervention vertreten haben. Und ich habe Daniel Guèrins These von einer unvermeidlichen Synthese von Marxismus und Anarchismus hier deshalb zustimmend zitiert, da ich der Meinung bin, dass eine kritische Rezeption von Marx wie auch der anarchistischen KlassikerInnen die Möglichkeit eines großen gemeinsamen Terrains eröffnen könnte, von dem aus man gemeinsam den Weg aus den historischen Sackgassen heraus antreten könnte.

Was Marx betrifft, so ist angesichts der Fehlentwicklung des „Realsozialismus" ja völlig in Vergessenheit geraten, dass er in seinen Schriften nicht die Verstaatlichung der Gesellschaft als Ziel formuliert, sondern das „Absterben" des Staates als Voraussetzung gelungener Vergesellschaftung betrachtet hat. Der Gesellschaft sollten die vom Staat usurpierten Leitungs- und Kontrollfunktionen ja zurückgegeben werden. Das will ja auch der Anarchismus, der ebenfalls die Abschaffung des Staates zugunsten gesellschaftlicher Selbstorganisation auf seine Fahnen geschrieben hat. Betrachtet man allein diesen Gesichtspunkt, wird erkennbar, wie nahe beieinander heute diese beiden Strömungen trotz ihrer kontroversen und auseinanderlaufenden Geschichte stehen. Der Mainstream der politischen Linken tickt anders. Hier ist der Staat zentraler Adressat und Akteur für eine linke Politik.

Bis jetzt sind die jeweils geschichtsmächtig gewordenen politischen Strömungen sowohl des Marxismus als auch des Anarchismus jeweils auf ihre Weise daran gescheitert, das gemeinsam angestrebte Vergesellschaftungsideal zu realisieren. Die Sozialdemokratie hat letztlich den bürgerlichen Staat als unverzichtbar anerkannt und das bolschewistische Modell machte den Staat gar zu einem Monster, was aber nur zum Teil darauf zurückzuführen ist, dass dieses Modell sich im bäuerlichen Russland als eine Art Modernisierungsdiktatur etablierte, die gewaltsam den Prozess der ursprünglichen Akkumulation vollziehen half. Sowohl innerhalb der sozialdemokratischen Parteien als auch in den KPen der entwickelten kapitalistischen Länder gab es kaum entwickelte Vergesellschaftungsmodelle, in denen der Sozialismus als Akt der gesellschaftlichen Selbstorganisation begriffen wurde. Das Modell selbstverwalteter Betriebe in Jugoslawien war trotz leninistischer Staatspartei hier eine der wenigen Ausnahmen. Und in Deutschland hat sich meines Wissens nach Richard Müller auch kaum jemand mehr dieser Herausforderung gestellt.[20]

Wenn die AnarchistInnen stets darauf beharrt haben, dass soziale Emanzipation den freien kollektiven Zusammenschluss der ArbeiterInnen zur Basis haben muss, haben sie deshalb auch immer recht gehabt. Doch diese Erkenntnis ist nicht die Lösung der Probleme. Betrachten wir längere historische Zeitabschnitte, so ist klar, dass Phasen, in denen sich Menschenmassen in Millionenstärke ins politische Geschehen stürzen, eher auf Ausnahmesituationen beschränkt sind und die Bewegten sich nach dem Abschwellen der sozialen Kämpfe den (Selbst-)Organisationsversuchen mehrheitlich entziehen. Auch sozialemanzipative Bewegungen müssen in solchen Situationen stärker auf politische Repräsentation setzen, StellvertreterInnenhandeln akzeptieren, obwohl dies den Prozess der Emanzipation nicht wesentlich voranbringt, nicht selten gefährdet. Mein Eindruck ist, dass AnarchistInnen und RätekommunistInnen diesen unerfreulichen Realitäten gegenüber eher die Augen verschlossen und auf bessere Zeiten gewartet haben. Die Folge war, dass sie die Beziehungen zu den passiven Teilen der Bevölkerung, die vertreten werden möchten, verloren haben. Die Blüte der KAPD (Kommunistische Arbeiterpartei Deutschlands) war in nur wenigen Jahren vorbei und die Anziehungskraft der FAUD (Freie Arbeiter Union Deutschlands) endete schon Ende der 1920er Jahre. Als sich die Studentenbewegung in den 60er Jahren auf die Suche nach historischen Alternativen zum Parteikommunismus sowjetischer Prägung machte, hat sie nicht mal die überlebenden KämpferInnen dieser Strömung im Nachkriegsdeutschland entdeckt und ist kaum über eine kurze Lektüre von Bakunin und Proudhon hinaus gekommen. Eine reale Bedeutung

---

20 Richard Müller: *Eine Geschichte der Novemberrevolution. Vom Kaiserreich zur Republik/Die Novemberrevolution/Der Bürgerkrieg in Deutschland* (1924/25). Berlin, 2011.

für die heutige ArbeiterInnenklasse haben auch nur wenige Gruppen, am interessantesten vielleicht noch die FAU, die aber rein mitgliedermäßig noch im dreistelligen Bereich verbleibt.

Sich den konkreten Verhältnissen zuwenden bedeutet auch eine Politik zu erfinden, die den Staat nicht ignoriert oder lediglich bekämpft, sondern ihn als politischen Raum begreift, in dem soziale Bewegungen auch immer wieder anstreben müssen Ergebnisse ihrer Kämpfe in rechtlicher Form abzusichern. Nur durch die massenhaft nachvollzogene Erfahrung, dass dies nicht, nur teilweise und nur vorübergehend möglich ist, entsteht die notwendige Delegitimierung des kapitalistischen Staates als Vertreter des Allgemeinwohls.

Soziale AkteurInnen beider Strömungen stehen vor der Aufgabe im Lichte dieser Erfahrungen darüber nachzudenken, wie Organisationsformen aussehen müssen, die individuelle und kollektive Entwicklungen ermöglichen und nicht bevormundend sind. Organisationsformen, die wenig exklusiv sind und die Inbesitznahme durch Menschen einfach machen, die in Bewegung geraten, so etwas wie ein „atmendes Assoziativ" darstellen.

Überhaupt gehört es zu den unverzichtbaren Erfahrungen der ArbeiterInnenbewegung des letzten Jahrhunderts, dass eine Bewegung, die den Kapitalismus überwinden will, zuerst die Aufgabe lösen muss, Organisations- und Kommunikationsformen zu entwickeln, die in den Grundzügen die Utopie der neuen Gesellschaft vorwegnehmen. Insbesondere ihr marxistisch inspirierter Flügel hat dies zumeist nicht ernst genommen und lieber darauf verwiesen, dass erst die Regierung oder die Macht erobert werden müsse, bevor von emanzipatorischen Veränderungen die Rede sein könne. Mit dieser Vorstellung gilt es zu brechen, weil es zur Genüge erwiesen ist, dass Organisationen, die sich herrschaftsförmig strukturieren, nicht in der Lage dazu sind, diese inneren Herrschaftsverhältnisse (prozesshaft) abzubauen. Auf einen solchen Prozess zu vertrauen würde schlicht bedeuten, von den Menschen zu verlangen, die berühmte Katze im Sack zu kaufen. Und das tun nur die Naiven und Autoritätshörigen. Mein Eindruck ist, dass es heute Menschen sowohl aus dem anarchistischen wie auch dem marxistischen Spektrum gibt, die diese Einschätzung teilen.

PHILIPPE KELLERMANN: Ich weiß nicht, wie es dir geht, aber ich finde es durchaus interessant, zu sehen, wie in der Geschichte bestimmte Kernfragen immer wieder auftauchen, um neu zur Diskussion gestellt zu werden. So erinnert mich das Ende deiner Ausführungen ziemlich genau an die Auseinandersetzung um die Organisationsfrage in der Internationalen-Arbeiter-Assoziation. Ich sprach ja bereits das „Jurazirkular" an. Und vielleicht ist es – vom historischen Gesichtspunkt aus – nicht uninteressant auf Engels' Kommentar zur Pariser Kommune zu verweisen, in dem genau jene Konzeption vertreten wird, mit der es – in deinen Worten und wenn ich es richtig deute – „zu brechen" gilt, nämlich: „Hätte es in der Pariser Kommune ein wenig mehr Autorität und Zentralisation gegeben, so hätte sie über die Bourgeois gesiegt. Nach dem Sieg können wir uns organisieren, wie wir wollen."[21]

Ich möchte aber deinen Hinweis auf die Problematik von emanzipatorischer Politik in Zeiten des „Abschwellens" sozialer Kämpfe aufgreifen. Deiner Ansicht nach müsse in solchen Phasen „stärker auf politische Repräsentation" gesetzt und „StellvertreterInnenhandeln" akzeptiert werden; dies deshalb, weil man sonst „die Beziehungen zu den passiven Teilen der Bevölkerung, die vertreten werden möchten", verliert. Meine Frage ist nun, was du genau unter StellvertreterInnenhandeln und vor allem *politischer* Repräsentation verstehst? Und: Wenn man davon ausgeht, dass eine emanzipatorische Bewegung wesentlich auf dem Gedanken der Selbstermächtigung basiert, blockiert dann eine solche Politik – ähnlich wie die der traditionellen Parteien und Gewerkschaften – nicht gerade einen emanzipatorischen Prozess, bzw. verewigt sie nicht gerade jenes Bedürfnis nach Vertretung?

In diesem Zusammenhang ist es zur Illustration möglicherweise ganz spannend, sich exemplarisch eine Debatte zwischen Fritz Brupbacher und Franz Pfemfert zu vergegenwärtigen, die 1922 in *Die Aktion* mit folgenden Argumenten für und wider den Parlamentarismus stritten.
Brupbacher geht davon aus, dass es eine „Unmenge Proleten" gebe, die „unsere Worte" nicht begreifen und erst noch eine „psychische Zwischenphase zwischen ihrer jetzigen und der revolutionären durchmachen müssen, bevor sie revolutionär werden". Deshalb sei – neben

---

21 Friedrich Engels: ‚An Carlo Terzaghi (1.Entwurf)' (Januar 1872), in: *MEW.* Band 33. S.371-373. Hier: S.372.

Streiks für Tagesforderungen – die parlamentarische Agitation als Mittel zur Konstitution eines sozialistischen Bewusstseins bedeutsam. Die parlamentarische „Schaubühne" solle „benutzt" werden, um den – noch nicht sozialistischen – Proletariern deutlich zu machen, dass nicht die „Parlamentarier", sondern nur das bewaffnete Proletariat selbst seine Forderungen verwirklichen könne. Und so solle im Parlament „im Kleinen und in Worten der Kampf geführt werden", der „die Gemüter der draußen Stehenden erhitzt" und zu „eigene[r] Tätigkeit" anfeuert. In diesem Sinn sei der Parlamentarismus ein „reformistisches Mittel zu einem revolutionären Zweck", wobei dieser Zweck letzten Endes der „Aufstand" sei.

Im Gegensatz zu Brupbacher, der als Ausgangspunkt seiner Argumentation die bestehende Verfasstheit der „Unmenge Proleten" genommen hatte, meint Pfemfert, dass es gerade der Parlamentarismus gewesen sei, der solcherart „denkfaule Wahlesel" und „eine durch Stimmzettelblödheit und Karrieremacher verblödete korrumpierte Arbeiterschaft" herorgebracht hätte. In diesem Zusammenhang reflektiert Pfemfert dann auf die Geschichte der Sozialdemokratie, da Brupbachers „*bedingte[.] Ausnutzung des bürgerlichen Parlaments* durchaus nicht originell" sei – sei doch mit derselben Haltung auch die deutsche Sozialdemokratie in den 70er Jahren des 19.Jahrhunderts angetreten. Gegen Brupbachers Hoffnung den Parlamentarismus als „reformistisches Mittel zu einem revolutionären Zweck" benutzen zu können, prophezeit Pfemfert die notwendige Verbürgerlichung der Bewegung, sobald man sich aufs parlamentarische Terrain begebe: „Die deutsche Sozialdemokratie ist auf den Hund gekommen und auf den 4. August 1914 und schließlich auf den Noske gekommen, weil sie sich in den Sumpf des Parlamentarismus begab. Vom ersten sozialdemokratischen Stimmzettel bis zum Kriegspatriotismus führt ein gerader Weg! (…) Parlamentarismus ist (…) Konterrevolution (…). Parlamentarismus auch nur bedingt bejahen, heißt die soziale Revolution verneinen!" Und schließlich: „*Es gibt keinen Klassenkampfersatz für die unmittelbare Aktion der proletarischen Massen.* (…) Jede Teilnahme am Kapitalistenparlament, sei es als Wähler oder Gewählter, bedeutet (besonders für die Naiven, Fritz Brupbacher!) ein Bekenntnis zum kapitalistischen Staat – Parlamentarische Redekämpfe lenken ab von dem Gedanken an die Notwendigkeit der Eigen-Initiative! Gerade wenn die ‚Regie' gut ist, wird das Proletariat in dem Wahne bestärkt, Fritz Brupbacher und Klara Zetkin ,werden es den Kapitalisten schon besorgen'."[22]

JOCHEN GESTER: Nun, bevor ich deine Fragen zum Thema „politische Repräsentation", „StellvertreterInnenhandeln" und „Parlamentarismus" behandele, sei mir eine Anmerkung erlaubt. Ich hätte doch ganz gern gewusst, worin du die Ursache für die fast völlige Marginalisierung der anarchistischen und linkskommunistischen Strömungen z.B. in Deutschland siehst. Es kann ja nicht recht sein, dass sie alles richtig gemacht haben, aber keiner es bemerkt hat oder sie schlicht nur Opfer ihrer FeindInnen geworden sind, so wie heute die starrsinnigsten ParteigängerInnen des Realsoz die Implosion ihres Systems als Werk von VerräterInnen diskutieren.

Mit „politischer Repräsentation" habe ich hier nicht die staatliche gemeint. Diese ist ein eigenes Thema. Worauf ich hinweisen wollte, ist, dass Leute ihr eigenes politisches Engagement nicht darauf begrenzen, in allen Fragen ihres Interesses selbst quasi per Handheben zu entscheiden, was passiert, also nur Formen direkter Demokratie anzuwenden bereit sind, sondern andere durch Wahlen mit der Vertretung der eigenen Interessen beauftragen. In diesem Sinn hat sich ja wohl die Mehrheit der ArbeiterInnen in den 1920er Jahren von der direkten Aktion verabschiedet und sich darauf beschränkt, politische Parteien zu unterstützen und zu wählen. „StellvertreterInnenhandeln" ist dies für mich dann, wenn die StellvertreterInnen bei ihrer Arbeit von den Beauftragten gar nicht mehr kontrolliert werden. Dann hat man so eine Beziehung wie zum ADAC. Man zahlt, damit andere „ihren Job" machen und am Schluss wird nachgerechnet, ob es „sich gerechnet" hat. Wenn das der normale Mitgliederblick wird, sehen die Gewerkschaften entsprechend aus. Sie sind auf Kompromisse geeicht, weil sie sich nicht auf Massenaktivität stützen können. Ferner sind sie als Organisationen an die Existenz der Lohnarbeit gebunden, deren Bedingungen sie aus-

---

[22] Diese Debatte habe ich an anderer Stelle etwas ausführlicher dargestellt und diskutiert. Vgl. Philippe Kellermann: ,Das ›Phänomen‹ und der ›absonderliche Sozialdemokrat‹. Fritz Brupbacher und Franz Pfemfert zwischen Reformismus, Rätekommunismus und Anarchismus', in: ders. (Hg.). *Begegnungen feindlicher Brüder. Zum Verhältnis von Anarchismus und Marxismus in der Geschichte der sozialistischen Bewegung.* Münster, 2011. S.127-145. Der Briefwechsel, aus dem hier zitiert wurde, findet sich in: *Die Aktion.* Heft 45/46 (1922). S.638-642.

handeln und deshalb immer auch um ihren Status als Verhandlungspartnerinnen bangen. Nicht nur die Spitzengehälter ihrer Vorsitzenden, sondern auch die Arbeitsplatzsängste der nicht schlecht bezahlten SekretärInnen wirken hier als Bleigewicht des Konservatismus. Simone Weil hat dies zum Beispiel in ihren – unter dem Titel „Deutsche Wende 1932-1933"[23] zusammengefassten – Artikeln in Bezug auf den ADGB treffend beschrieben. Doch es ist nicht nur die Eigenlogik der Organisation, die hier die Richtung vorgibt. In der Verwandlung der Gewerkschaften in einer Art ADAC der Arbeitswelt steckt auch ein Bedürfnis der Mitglieder nach Entlastung. Die meisten Mitglieder wollen, dass „die Gewerkschaften" ihnen den Rücken frei halten, damit sie ihren privaten Lebensentwürfen nachgehen können. Wenn es dann im Betrieb „brennt" und der/die UnternehmerIn von der Belegschaft fordert, für weniger Lohn mehr zu arbeiten, kommt selten das Signal: „Wir kämpfen jetzt für alle Arbeitsplätze mit vollem Risiko", sondern: „Seid flexibel und gebt nach. Hauptsache, mein Arbeitsplatz wird erhalten".

So betrachtet sind wir mit Verhältnissen konfrontiert, in denen eine dauerhafte politische Aktivität nur Sache von Minderheiten ist und die Mehrheit damit, dass sie vertreten wird, kein grundsätzliches Problem hat. Es stellt sich allerdings die Frage, wie man damit umgeht. Es wird aus diesen Umständen wohl niemand, der noch alle Tassen im Schrank hat, folgern, dass die aktive Minderheit ihre Tätigkeiten solange einstellen soll, bis „die Massen" zu einer „unmittelbaren Aktion" bereit sind. Die Frage ist eher, wie diese aktive Minderheit arbeitet. Macht sie sich „unverzichtbar" oder ebnet sie für die noch Passiven den Zugang zum politischen Geschehen.

Ich teile auch die von dir zitierte Einschätzung Pfemferts, dass parlamentarische Arbeit dafür kein Katalysator sein kann. Eine sozialistische-Vergesellschaftung, die sich nur auf parlamentarische Vertretungskörperschaften stützt, bleibt auf halber Strecke stehen. Die reale Inbesitznahme der Produktionsmittel und eine demokratische Selbstverwaltung der Gesellschaft machen neue Formen arbeitsweltbezogener direkter (Räte-)Demokratie unverzichtbar. In welchem Umfang zur Bewältigung komplexer gesellschaftlicher Probleme indirekte Repräsentationen not-

---

23 Simone Weil: ‚Deutsche Wende 1932-1933' (1932/33), in: dies. *Unterdrückung und Freiheit, Politische Schriften*. München, 1975. S.21-109.

wendig bleiben, muss die reale geschichtliche Erfahrung zeigen. Und es stellt sich generell die Frage, ob die Linke den Parlamentarismus einfach ignorieren kann. Der Parlamentarismus bleibt zentrale Legitimationsquelle der herrschenden Ordnung und es ist nicht ausgeschlossen, dass zu deren Delegitimierung auch ein neuer Typ von Partei nötig sein könnte. Eine Partei, die strukturell so starke gesellschaftliche Wurzeln hat, dass sie einer Parlamentarisierung entgeht. Eine solche Partei wäre dann aber eher eine Art politischer Arm einer außerparlamentarischen Bewegung, womit auch gesagt wäre, dass weder die Linkspartei noch eine Partei des Kominterntyps diese Rolle spielen kann. Doch sind die Erfahrungen der „antagonistischen Linken" (Bertinotti) mit der parlamentarischen Arbeit nicht besonders ermutigend. Im Falle der KPD, der *Rifondazione* und wohl auch der französischen NPA (*Nouveau Parti anticapitaliste*) hat der Parlamentarismus die Parteien immer wieder über ihre reale Stärke getäuscht, auch wenn diese Parteien ihre grundsätzlichen Zielsetzungen über die Arbeit in den Parlamenten nicht aufgegeben hatten. Es spricht sehr viel dafür, die bescheidenen vorhandenen Kräfte auf die Entwicklung selbstorganisierter Strukturen zu konzentrieren. Ohne eine solche Basis sind parlamentarische Ambitionen eh kontraproduktiv. Damit kommen wir zu einer wichtigen Frage: Wie kann ein Prozess der sozialen Transformation von Ökonomie und Macht im Rahmen der kapitalistischen Gesellschaft begonnen werden?

PHILIPPE KELLERMANN: Du sprichst viele äußerst wichtige und interessante Dinge an, die es ausführlicher weiter zu diskutieren gälte. Zum Beispiel ob eine Partei, aufgrund ihrer „strukturell (...) starken gesellschaftlichen Wurzeln" tatsächlich einer „Parlamentarisierung" entgehen kann, oder ob es nicht naheliegender ist, davon auszugehen, dass sich damit die Gewerkschaftsarbeit dem parlamentarischen Ablauf anpasst. Aber wie dem auch sei, ich behalte mir hier keine eindeutigen Antworten vor, wie es mir in diesem Gesprächsband ja überhaupt vor allem um Problematisierung und historische Vergegenwärtigung geht, womit ich dann auch zu deiner zweifellos mehr als berechtigten Frage nach der „fast völligen Marginalisierung" des Anarchismus übergehe. Generell stimme ich dir zu, dass es nicht nur sehr einfach, sondern auch für die notwendigen Lernprozesse einer Bewegung absolut hinderlich ist, die Ursachen eines Scheiterns nur in einem mehr oder weniger konkreten

"Außen" zu lokalisieren. Dennoch muss man, denke ich, betonen, dass die anarchistische Bewegung tatsächlich ganz anders dimensionierten Zwängen von Außen unterlag, als dies beim Realsozialismus der Fall war, ein Aspekt, der zumindest berücksichtigt werden muss. Ich brauche hier jetzt nicht näher auf die heftige Repression hinzuweisen, die, einsetzend mit der staatlichen Verfolgung Ende des 19. Jahrhunderts bis hin zum Stalinismus etc. den Anarchismus begleitet hat und ja oftmals wirklich unmittelbar zur physischen Vernichtung oder dauerhaften Festsetzung Vieler führte. Nichtsdestotrotz ist dies für sich genommen keine ernsthafte Erklärung.

Mir scheint, auch wenn dies ebenfalls als Erklärung unbefriedigend ist, dass es vor allem die Schwere der Aufgabe war und ist, AnarchistIn zu *sein*[24], die letztlich diese Marginalität – aber auch immer wieder die Faszination[25] – des Anarchismus verursacht hat. Weshalb man legitimerweise die Frage stellen kann, ob eine Theorie und Praxis, die sich solchen Hindernissen in der Gesellschaft und im jeweiligen Individuum

---

24 „Es kommt keine Freiheit, wenn man sich nicht die Freiheit und die eigene Façon selber herausnimmt, es kommt nur die Anarchie der Zukunft, wenn die Menschen der Gegenwart Anarchisten sind, nicht nur Anhänger des Anarchismus. Das ist ein großer Unterschied, ob ich ein Anhänger des Anarchismus oder ob ich ein Anarchist bin. Der Anhänger irgendeines Lehrgebäudes kann im übrigen irgend ein Philister und Spießbürger sein; eine Wesenswandlung ist notwenig oder wenigstens eine Umkrempelung des ganzen Menschen, so dass endlich die innere Überzeugung etwas Gelebtes wird, das in die Erscheinung tritt." Gustav Landauer zit.n. Siebert Wolf: *Gustav Landauer. Zur Einführung.* Hamburg, 1988. S.21. Und ich wiederhole auch gerne (vgl. Philippe Kellermann: *Marxistische Gesellschaft. Von Verdrängung, Unwissenheit und Denunziation: Die (Nicht-)Rezeption des Anarchismus im zeitgenössischen Anarchismus.* Lich, 2011. S.12), dass ich wahrscheinlich einer der letzten bin, der in dieser anspruchsvollen Hinsicht als Anarchist gelten kann!

25 „Der Anarchismus nahm uns ganz und gar gefangen, weil er alles von uns verlangte, weil er uns alles bot. Da gab es keinen Winkel des Lebens mehr, den er nicht erhellte – wenigstens schien es uns so. Man konnte Katholik, Protestant, Liberaler, Radikaler, Sozialist, sogar Gewerkschaftler sein ohne irgend etwas am eigenen Leben zu ändern. Schließlich genügte es, die entsprechende Zeitung zu lesen; im Notfall, im Stammcafé der Einen oder der Anderen zu verkehren. Aus Widersprüchen gewoben, zerrissen in Strömungen und Unterströmungen, forderte der Anarchismus vor allem die Übereinstimmung von Taten und Wörtern (was freilich jeder Idealismus fordert, was aber jeder vergisst, wenn sein ursprüngliches Feuer erlischt)." Victor Serge: *Erinnerungen eines Revolutionärs 1901-1941* (1951). Hamburg, 1977. S.26.

selbst gegenübersieht, überhaupt eine ernsthafte Richtlinie für praktische Kämpfe, vor allem im größeren Umfang abgeben kann. Allerdings ist es interessant, dass gegenwärtig anarchistische Praxen auch ohne als solche verstanden zu werden (z.B. „Direkte Aktion", Parlamentarismuskritik etc.) weite Verbreitung zu finden scheinen, nach David Graeber erleben wir sogar eine „wahre Explosion" in dieser Hinsicht.[26] Damit mögen bestenfalls nicht nur die Möglichkeiten zu anarchistischem Engagement bessere sein/werden, als lange Jahre zuvor. Es kann dadurch vielleicht auch ein wenig einfacher werden, „revolutionäre Gelassenheit" zu praktizieren, indem man dem Status der Marginalisierten und an den Rand gedrängten verlässt. Nicht zuletzt waren die Folgen der massiven Repression von Seiten der Staaten Ende des 19. Jahrhunderts wohl auch ein Grund für die teilweise sehr weit gehende Verhärtung des anarchistischen Milieus in Bezug auf die Umwelt und die innere Bewegung, sofern ich das (historisch) richtig sehe. Dass sich eine solche „revolutionäre Gelassenheit" allerdings nicht zwingend einstellt, zeigt wiederum das traurige Beispiel der großen argentinischen Bewegung, die sich anhand zentraler Fragen, vor allem der Gewaltfrage, völlig zerrieben hat. So oder so: Es bleiben wichtige Fragen zu diskutieren: Wie kam es z.B. dazu, dass zwei ehemalige Anarchisten – in Frankreich Jules Guesde, in Italien Andrea Costa –, die dortigen Sozialistischen Parteien begründet haben? Kann das nur als „Verrat" an den Prinzipien aufgefasst werden? Oder war/ist die anarchistische Taktik (historisch) einfach falsch? Und, und, und ...

JOCHEN GESTER: Deine Überlegungen zur Ursachenforschung über die Marginalisierung der anarchistischen Strömungen sind mir sehr sympathisch. So unverzichtbar Ideen für die Entwicklung konkreter Utopien und als Maßstab für die humanistische Qualität von Gesellschaften sind – sie werden von der Realität immer wieder eingeholt. Schon Engels schrieb in *Die heilige Familie*: „Die ‚Idee' blamierte sich immer, soweit sie von dem ‚Interesse' unterschieden war."[27] Deshalb kann man Anar-

---

26 David Graeber: *Frei von Herrschaft. Fragmente einer anarchistischen Anthropologie.* Wuppertal, 2008. S.26

27 Friedrich Engels/Karl Marx: ‚Die heilige Familie oder Kritik der kritischen Kritik' (1845), in: *MEW*. Band 2. Berlin, 1958. S.3-223. Hier: S.85.

chistInnen auch nicht einfach deshalb aburteilen, weil sie eine sozialistische Partei gegründet haben. Auch mag es gute Gründe dafür gegeben haben, dass sich die CNT 1936 in Spanien an der Regierung beteiligte oder die FAU aktuell eine Beschwerde über die deutsche Bundesregierung bei der ILO (*International Labour Organization*) eingelegt hat.

Die Zukunft der gesamten sozialistischen Bewegung – egal wie die Bilder der Ahnen aussehen – hängt zudem von der Fähigkeit ab, die eigenen Möglichkeiten und Grenzen in Bezug auf die Gesamtgesellschaft realistisch einzuschätzen. Gerade hier waren Linke oft TraumtänzerInnen. Bekanntlich haben sich SozialdemokratInnen und die KommunistInnen noch als jeweils größtes Übel bekämpft, als ihre GegnerInnen schon begannen sie gemeinsam ins KZ zu stecken. Manchmal muss man wohl auch schwer erträgliche Realitäten aushalten, um einen Raum für Veränderung offen zu halten. Was das Verhältnis von AnarchistInnen und MarxistInnen betrifft, so ist „Gelassenheit" im Umgang miteinander wohl das einzig Sinnvolle. Vielleicht können sie so von den jeweiligen Stärken lernen und ihre Schwächen vermeiden. Wenn sie davon ausgehen, dass auch heute die ArbeiterInnenklasse trotz ihrer erheblichen konstitutiven Veränderungen zentrales Subjekt für gesellschaftliche Veränderungen bleibt, so sticht ins Auge, dass wir momentan zumindest in Deutschland trotz Systemkrise vieles zu erwarten haben, nur nicht die soziale Revolution. Die gesellschaftliche Gesamtsituation ist nicht vergleichbar mit 1918 sondern eher mit der Frühphase der ArbeiterInnenbewegung, in der ihre aktiven Kräfte unter Beweis stellen mussten, dass sie in einer feindlichen Umgebung überleben und sich reorganisieren können.

PHILIPPE KELLERMANN: Dann bleibt mir nur noch dir abschließend für dieses Gespräch ganz herzlich zu danken.

Soziale Befreiung und die Schwierigkeit mit der Notwendigkeit

Gerhard Hanloser über die Probleme des Produktivismus, veraltete Ideologien und den Widerstand der Arbeiterklasse

Gerhard Hanloser

wurde 1972 geboren, studierte Soziologie, Geschichte, Pädagogik in Freiburg und meldet sich seit 1999 als Kritiker verschiedenster Phänomene innerhalb wie außerhalb der Linken an unterschiedlichen publizistischen Orten zu Wort. Reichlich angewidert von der instrumentellen „Antisemitismus"-Beschäftigung jung-akademischer Linker und Ex-Linker wandte er sich von diesem Thema ab, um sich verstärkt seinem Jugendtraum zu widmen: der Suche nach einer Gesellschaft, die Allen in ihrer Differenz ein ausbeutungsfreies und glückliches Leben offeriert. Deswegen begleitet er kritisch linksradikale und antisystemische Bewegungen und wird immer wieder auf Marx, die Kritische Theorie und libertäre Anschauungen und Praxis gestoßen.

PHILIPPE KELLERMANN: In der „Vorbemerkung" deiner Aufsatzsammlung *Kritik des Kapitals. Texte und Polemiken* schreibst du – von der Diagnose ausgehend, dass der „Linksradikalismus in Deutschland (…) in keinem guten Zustand" sei –, dass diese Broschüre „eine Einladung" wäre, „auf die Suche zu gehen und die alten Schriften zu entdecken"[1]. Da du den Anarchismus zur „radikalen Linken" zählst[2], sich aber kein Aufsatz mit diesem beschäftigt, meine erste Frage: Welche „alten Schriften" aus dem anarchistischen Spektrum sind es deiner Meinung nach Wert, wieder entdeckt, erinnert und diskutiert zu werden?

GERHARD HANLOSER: Ich muss gestehen, dass ich vor allem Biographien von Anarchisten und Anarchistinnen mit großem Gewinn gelesen habe, weil sie vieles über eine ältere Klassenkampfsituation verraten: Emma Goldmans *Gelebtes Leben*[3], Kropotkins *Memoiren eines Revolutionärs*[4], Zeugnisse von Erich Mühsam, aber auch Schriften von Revolutionären an der Schnittstelle von Bolschewismus und Anarchismus wie Victor Serges *Erinnerungen*[5] oder die Autobiographie eines US-amerikanischen *Wobblies*, also einer Aktivistin des militanten Syndikats *Industrial Workers of the World*, wie Elizabeth Gurley Flynn[6] sind von einigem Interesse.

Es gibt meines Erachtens mehrere Stufen der Entdeckung dieser Texte: zum einen – und das liegt bei mir nun 25 Jahre zurück – stellt sich mit diesen Schriften ein befreiender Aha-Effekt ein, weil hier einerseits eine nicht-etatistische, radikale Gesellschaftskritik vorliegt und diese Gesellschaftskritik andererseits an reale Bewegungen zurückgebunden ist, die etwas gewagt haben und blutig geschlagen wurden. Dieser Aha-Effekt

---

[1] Gerhard Hanloser: ‚Vorbemerkung', in: ders. *Kritik des Kapitals. Texte und Polemiken*. Moers, o.J. S.3-4. Hier: Seite 3.

[2] Gerhard Hanloser: ‚Soziale Frage? Welche Fragen, welche Antworten?', in: ders. *Kritik des Kapitals. Texte und Polemiken*. Moers, o.J. S.5-9. Hier: Seite 5.

[3] Emma Goldman: *Gelebtes Leben. Autobiografie* (1931). Hamburg, 2010.

[4] Peter Kropotkin: *Memoiren eines Revolutionärs* (1899). Münster, 2002.

[5] Victor Serge: *Erinnerungen eines Revolutionärs. 1901-1941* (1951). Hamburg, 1977.

[6] Elizabeth Gurley Flynn: *Das Rebellenmädchen. Eine Autobiographie* (1955). Berlin, 1958.

mag in Zeiten, in denen die Sowjetunion oder maoistische Diktaturen einen Teil der Linken affektiv an sich gebunden haben, eine größere Bedeutung gespielt haben als heute. Doch auch heute gibt es ja einen trotzig auftretenden Neostalinismus und Neobolschewismus, dem man mit Rückgriff auf die historischen, antagonistischen Bewegungen und ihren Trägern eine klare Absage erteilen kann. Historisch sind auf jeden Fall die Dokumente über die libertären Bewegungen in der Mexikanischen Revolution, die Machno-Bewegung in der Ukraine, den Kronstädter Aufstand und sämtliche Schriften über die Spanische Revolution von 1936 unschätzbar wichtige Verweise auf eine andere, lange verdrängte Geschichte der sozialen Revolutionen. Die Frage, ob hier allerdings historisch die Möglichkeit einer ganz anderen Alternative vorlag, kann ich mittlerweile nicht mehr mit Sicherheit beantworten. Die linken Sozialrevolutionäre und Anarchisten in Russland hätten in der Bürgerkriegssituation wahrscheinlich ähnlich autoritär durchgreifen müssen, wie es die Bolschewiki gemacht haben, sofern sie die Macht wirklich angestrebt hätten. Gleiches gilt für die Anarchisten 1936 in Spanien. Sie hätten die Stalinisten einfach besser, effektiver und ja: gewaltsamer an den Rand drängen müssen, dann wäre aus den *lost causes* wirklich eine historische Chance geworden. Sie haben es nicht getan, haben uns die Revolte, den Aufstand, die Alternative als heute noch deutbares Zeichen überlassen, wofür wir dankbar sind. Aber vielleicht haben es die historischen Rahmenbedingungen auch noch nicht zugelassen, dass die Befreiung im Sinne einer von unten organisierten, libertären Gesellschaft in Angriff genommen werden konnte.

Zum zweiten erfolgte dann bei mir ein Zugang zu den Texten, der weniger identifikatorisch ambitioniert war und ideologische Rückversicherung verlangte, als dass ich Schriften des Anarchismus als Revolutionstheorien gelesen und sie mit dem Marxschen und den marxistischen Versuchen verglichen habe. So ist z.B. Bakunins *Staatlichkeit und Anarchie* nicht nur ein großartiges historisches Dokument, das uns einen Blick auf die europäische Geschichte des 19. Jahrhunderts von seinem slawischen Rand aus eröffnet (und das viel früher als bei Marx und Engels durch einen nicht-eurozentristischen Blick bestimmt ist), es enthält darüber hinaus auch eine Revolutionstheorie, die der Marxschen diametral entgegengesetzt ist: Willensmetaphysik, Moral, das Setzen auf den wilden und gerechten Instinkt des Volkes, eine Vorstellung, die fast schon religiöse Züge trug. Auch das gehört zu einer bestimmten Phase der Klassenauseinandersetzung und sollte nicht voreilig belächelt werden. Wie man dem Reisebericht von Hanns-Erich Kaminski – *Barcelona. Ein Tag und seine Folgen* – an mehreren Stellen entnehmen kann, waren auch die spanischen Anarchisten 1936 von einem quasi-religiösen Glauben an die Revolution beseelt. Ich habe genug Ernst Bloch und Walter Benjamin im Kopf wie Toleranz gegenüber dem Ungleichzeitigen im Blut, um auch das Spirituelle und Metaphysische als den Klassenkampf begleitende ideologische Formen, die Praxis legitimieren helfen, zähneknirschend zu akzeptieren. Sowohl in der Frühphase des *Making of working class* finden wir solche Dinge, wie die Studie von Peter Linebaugh und Marcus Rediker über die „vielköpfige Hydra" zeigt[7], wie wir auch die heutige welthistorische Phase als eine des neuerlichen *Making of working class and its revolt* begreifen sollten, in der wir es immer mit Ideologischem zu tun haben.

In diesem Sinne ist der Anarchismus von allen Ideologien die sympathischste, er bleibt jedoch Ideologie. Daran anschließend denke ich, dass Kropotkins *Gegenseitige Hilfe*[8] für eine emanzipatorische Anthropologie (wenn es so etwas überhaupt geben kann) oder eine Auseinandersetzung mit Darwin bzw. dem Darwinismus wenig taugt, so wie ich auch glaube, dass Rudolf Rockers Überlegungen zu Nationalismus und Kultur[9] nach den ganzen akademischen wie außerakademischen Debatten um Nation, Nationalismus und Rassismus in den 90er Jahren des 20. Jahrhunderts wenig Überraschendes zu Tage fördert. Der klassische Anarchismus bleibt doch zu sehr Kind des 19. Jahrhunderts. Eine Diagnose, die ich über Marx so nicht fällen würde!

Nichtsdestotrotz findet sich ab Mitte des 20. Jahrhundert viel Anarchistisches als bastardisierte, hybride Theorie und Praxis, als mal deutlichere mal versteckere Spurenelemente im Marxismus oder auch im postmodernen Denken wider. Für mich ist Anarchistisches generell dann noch von Interesse, wenn er sich für Kategorien wie Ausbeutung,

---

7 Peter Linebaugh/Marcus Rediker: *Die vielköpfige Hydra. Die verborgene Geschichte des revolutionären Atlantiks* (2000). Berlin/Hamburg, 2008.

8 Peter Kropotkin: *Gegenseitige Hilfe in der Tier- und Menschenwelt* (1902). Frankfurt am Main, 2005.

9 Rudolf Rocker: *Nationalismus und Kultur* (1949). Münster, 1999.

Klassenkampf und soziale Bewegungen interessiert oder darin zum Ausdruck kommt. Als reine Theorie – ob jetzt individualistisch wie bei Stirner oder kollektivistisch wie bei Kropotkin oder Bakunin – interessiert mich der Anarchismus nicht. Aber vielleicht ist dieses kategorische Urteil auch nur einem Verdrängungsprozess meiner frühsten Jugend geschuldet, als ich in einer anarchistischen Schüler- und Schülerinnengruppe namens „Anarchistische Panzerknacker" sehr orthodox diese Theorien gleichsam einer schwarzen Fahne vor mir hergetragen habe.

PHILIPPE KELLERMANN: Vielen Dank für diese Antwort und vor allem den Hinweis auf die „Anarchistischen Panzerknacker". Da musste ich sofort an meine früheste Jugend denken. So haben ein Freund und ich die kurzlebige, aber Furcht einflößende (ha,ha) Politgruppe „SBNWS" (Schwarzer Block Nordweststadt) gegründet. Unsere „Theorie" waren damals in erster Linie Gerhard Seyfried-Comics und natürlich Deutschpunk-Hits à la „Polizei SA/SS" von *Slime*. *Slime* höre ich übrigens immer noch gerne („Zu kalt" ist und bleibt ein echter Meilenstein!), aber lassen wir das …

In deiner Antwort sprichst du davon, dass der Anarchismus „Ideologie" sei, wenngleich „von allen Ideologien die sympathischste". Was genau meinst du damit? Und in Bezug auf Marx und den Marxismus: haben wir es auch hier mit Ideologie(n) zu tun?

GERHARD HANLOSER: Vielleicht ganz allgemein: Mit Ideologie meine ich nicht ein wie auch immer geartetes fixes politisches Programm; im *Common-sense* stehen ja alle möglichen Ismen unter Ideologieverdacht, nicht zuletzt gerät auch derjenige unter Verdacht, der selbst in der Ismen-Sprache spricht: ob er sich jetzt selbst als Anhänger des Anarchismus oder des Marxismus bezeichnet oder die vorherrschende Gesellschaftsform als Kapitalismus bezeichnet. Demzufolge wäre der weiter nicht reflektierende, unkritische „*Common man*", der alles, so wie es ist, als gegeben annimmt, am wenigsten ideologisch geprägt. Das aber ist ja selbst ideologisch, weil es die vorherrschende Gesellschaft und die dieser Gesellschaft mehr oder weniger entsprechenden Gedankenformen als „natürlich" und eben „nicht-ideologisch" etikettiert. Wir wissen aber: das sich als unideologisch imaginierende Alltagsbewusstsein ist zuweilen das am schlimmsten verhärtete Bewusstsein. Um es in der schönen Sprache Guy Debords zu sagen: „Das Spektakel präsentiert sich als enorme undiskutierbare und unzugängliche Positivität. Das Spektakel sagt nichts weiter als ‚was erscheint, ist gut; was gut ist, erscheint.'"[10]

Ideologisches Denken ist vor allem unhistorisches Denken. Gesellschaftskritik bezieht sich natürlich immer auf die Realität und die jeweils vorhandene Wirklichkeit, ist also historisch situiert, aber in ihren Vorschlägen und Utopieentwürfen kann sie ideologisch werden, wenn sie es nicht vermag, die jeweilige soziale Wirklichkeit zu transzendieren und das eigene Interesse und Wollen kritisch zu hinterfragen. Wenn beispielsweise ein positiver Gesellschaftsentwurf zu stark ausgemalt ist, kann er schnell ideologisch werden. Deshalb gab es auch eine anti-utopische Haltung bei Marx oder bei kritischen Marxisten wie dem frühen Horkheimer und Adorno. Ein selbstauferlegtes Bilderverbot für Gesellschaftskritik sollte vermeiden, dass man ideologische Idealbilder der zukünftigen Gesellschaft auspinselt, die bereits nach 10 Jahren keinen Bestand mehr haben.

Mir sind einige Werte und Normen des Anarchismus sympathisch, wenn man sie auch ideologiekritisch, also historisierend auf die Gesellschaften zurückführen muss, in denen sie entstanden. Der Kollektivismus des Anarchismus beinhaltet eine starke und faszinierende Vorstellung von einem anzustrebenden Gemeinwesen. Das ist in unseren neoliberalen Gesellschaften der Vereinzelung und fremdbestimmten Individualisierung natürlich immer noch ein Stachel im Fleisch des Vorgegebenen. Dennoch bleiben diese anarchistischen Kollektivvorstellungen von den Notwendigkeiten bäuerlicher und industrieller Gesellschaften geprägt, die meines Erachtens historisch geworden sind. Nirgends wollen junge Leute zu einer solchen Gesellschaft zurück. In Tel Aviv treffe ich immer wieder Altersgenossen, die ihre Kindheit im Kibbuz verbracht haben: sie denken mit Wehmut daran zurück, aber sie wollen niemals wieder in den Kibbuz zurückkehren – in die Enge und Härte der Kollektivarbeit und des Kollektivkonsums. Das heißt also, dass man an Vorstellungen, die sich historisch überleben, nur um den Preis des Ideologisch-Werdens festhalten kann. Wenn Augustin Souchy in seiner Biographie *Vorsicht Anarchist!* vom Kibbuz als letztem Reser-

---

10 Guy Debord: *Die Gesellschaft des Spektakels* (1967). Wien, 1996. S.9f.

vat anarchistischer Utopie schwärmt, heißt das nichts mehr.[11] Es ist als Ideologie zu überwinden. Ein weiteres Beispiel: Die Frauenfrage, wie sie beispielsweise von den libertären „*Mujeres Libres*", – die man besser nicht als Feministinnen bezeichnen sollte –, aufgestellt und beantwortet wurde, lässt sich nur vor dem Hintergrund der konservativ-bäuerlichen spanischen Gesellschaft begreifen. Im Kern waren die Theorie, also die abstrahierende Reflexion auf die Wirklichkeit und die Praxis, also das tatsächliche soziale Handeln der „*Mujeres Libres*" eine hybride Mischung aus sozialistischem Kollektivismus, liberalen Emanzipationsbestrebungen und allerhand Essentialismen über das angebliche Wesen der Frau. Man darf auch nicht vergessen, wie reaktionär im Wortsinn das Bild von der Prostituierten unter spanischen Anarchisten war, einige wurden ja auch im Bürgerkrieg erschossen. Man kann dies nicht nur auf die Bürgerkriegssituation zurückführen, sondern muss auch konstatieren, dass es im historischen Anarchismus konservative Körper-, Frauen-, und Sexualitätsbilder gibt. Man wird allgemein gesprochen den heutigen Fragen zu Geschlechterverhältnissen, Sexismus und Sexualität kaum mit den Ideologien der „*Mujeres Libres*" begegnen können. Eine „*Mujer Libre*" würde im Dialog mit Charlotte Roche entweder in betretenes Schweigen verfallen oder in schallendes Gelächter ausbrechen, aber sie hätten sich nichts zu sagen. Dieses Urteil fällt allerdings auf beide zurück. Denn zwei ideologische, also ihre jeweilige historische Prägung nicht berücksichtigende Gedankenformen träfen hier aufeinander, die höchstwahrscheinlich noch nicht einmal eine gemeinsame Sprache finden würden. Falsch wäre es allerdings zu denken, dass das Aktuelle stets das Vergangene kritisieren kann. Charles Fourier und Heinrich Heine sind älter als die „*Mujeres Libres*", haben uns aber in Liebesdingen mehr zu sagen als diese; dass sie auch mehr zu sagen haben als Charlotte Roche ist ohnehin klar.

Das Interessante ist allerdings auch immer, dass die reale Praxis der Frauen in Spanien die selbstauferlegten ideologischen Formen stets überschritten hat. Ähnliches kann man über das Streikverhalten der Arbeiter sagen, das immer die produktivistischen Selbstproklamationen, also Ideologien der CNT unterlief.

---

11 Augustin Souchy: *Vorsicht Anarchist! Ein Leben für die Freiheit. Politische Erinnerungen* (1977). Reutlingen, 1982. S.188-203.

Gleiches gilt natürlich auch für die kommunistischen Bewegungen und die Bewegungen, die sich auf Marx bezogen haben. Beziehungsweise, man muss es noch radikaler fassen: die normalen Arbeiter und Arbeiterinnen überschritten oftmals den Horizont der marxistischen Ideologie, sie waren als wirkliche Bewegungen radikaler als der Marxismus als Ideologie. Vielleicht hatte Marx davon auch schon eine Ahnung, schließlich definierte er in der Schrift *Die Deutsche Ideologie* Kommunismus als „*wirkliche* Bewegung"[12] und nicht als eine Vorstellung, die den Arbeitern durch wen auch immer beizubiegen ist. Verkompliziert wird das ganze, wenn die „*wirkliche* Bewegung" gar nicht mehr auf den Kommunismus zusteuert. Um dies zu erklären ist dann die Kritische Theorie mit ihren Überlegungen zu Kulturindustrie, falschen Bewusstseinsformen, sozialpsychologisch erklärbarer gesellschaftlicher Regression wichtig ...[13]

Natürlich stellt der Marxismus eine Ideologie dar, er war vor allem eine Selbstlegitimierung der herrschaftlich-totalitären realsozialistischen Regimes nach 1917 und hat das ganze Erbe von Marx fast vollständig kontaminiert.

Davor war er unter Führung von Marx, Engels, Bebel und Liebknecht eine Arbeiterklassenideologie, die sich vehement gegen andere reale soziale Bewegungen und deren Ideologien abkoppelte. Er war die Ideologie der am weitesten fortgeschrittenen Industriearbeiterschaft und hatte für die realen Kämpfe des Multiversums des Proletariats, wie Karl Heinz Roth und andere Forscher aus der radikalen Sozialgeschichte sagen würden, wenig Verständnis. Anstelle einer Logik der Revolten und der Selbstermächtigung der unteren Schichten, verfolgte der Frühmarxismus eine Logik der industriellen Entwicklung. Von dieser ausgehend hoffte er, dass die Machtfrage anders als putschistisch angegangen werden und eine universelle Befreiungsperspektive entstehen

---

12 Karl Marx/Friedrich Engels: ‚Die deutsche Ideologie' (1845/46), in: *MEW*. Band 3. Berlin, 1990. S.9-530. Hier: S.35.

13 Zum Beispiel bei der Frage, warum in Deutschland in fundamentalen Krisenzeiten wie 1873 und ab 1929 die antisemitische Erklärung der Wirklichkeit wirkmächtig werden konnte. Siehe hierzu: Gerhard Hanloser: *Krise und Antisemitismus. Eine Geschichte in drei Stationen von der Gründerzeit über die Weltwirtschaftskrise bis heute.* Münster, 2003.

könne, jenseits des Lokalismus (bspw. des Schweizer Jura) und eruptiver, aber schnell zu schlagender Revolten.

Der Marxismus-Leninismus, also der Stalinismus ab den 1920er Jahren war die Modernisierungsideologie einer bäuerlich geprägten Gesellschaft, die erst einmal qua „Produktivkraftentwicklung" in den „Fortschritt" katapultiert werden sollte. An der positiven Umdeutung des von Marx im *Kapital* kritisch gemeinten Begriffs der „ursprünglichen Akkumulation" kann man meines Erachtens den ideologischen Gehalt des Marxismus-Leninismus am besten illustrieren: wo Marx die brutale Verwandlung von Bauern zu Arbeitern durch die Landenteignung darstellte und skizzierte, sprachen die Industrialisierungsapostel des ML wie Preobraschenskij oder Stalin von der anstehenden „sozialistischen ursprünglichen Akkumulation". Sie erledigten das Geschäft des Kapitalismus und versteckten dies hinter einer nach Marx klingenden Sprache. Diese Scheiße stinkt zum Himmel, dennoch lassen sich an und für sich kluge Intellektuelle bis heute davon täuschen. Man lese sich nur die Reiseberichte des stalinistischen Philosophen Losurdo über das aktuelle China durch.[14]

Marx als Politiker war leider auch ein Ideologe, sogar ein Lügen verbreitender und Intrigen spinnender, also ein über seine eigene verlogene Praxis aufgeklärter Ideologe, sprich ein Demagoge. Da gibt es nicht so viel zu retten. In der Beschäftigung mit den Auseinandersetzungen zwischen Marx und Bakunin in der Ersten Internationale wurde mir Marx immer unsympathischer und Bakunin immer sympathischer. Der hatte zwar einen Knall, war aber ein ganz redlicher Kerl. Marx hat dagegen als Kritiker der kapitalistischen Gesellschaft eine enorme Bedeutung. Er weist wiederholt auf die Historizität der kapitalistischen Gesellschaftsform hin. Er ermöglicht dank seiner Methode, seiner Darstellungsweise, seiner Kritikstrategie, dass uns selbst heute noch die im *Kapital* entfaltete Kritik an der politischen Ökonomie einen unschätzbaren Dienst leistet.

Marx' Kritik der politischen Ökonomie ist selbst Ideologiekritik an unhistorischem Denken und an realen gesellschaftlichen Verkehrungen. Dass wir im Kapitalismus unsere Angelegenheiten nicht selbst meistern,

---

14 Domenico Losurdo: ‚Zwei Züge, ein Ziel: Reisebericht über China', in: *Marxistische Blätter*. Heft 5 (2010). Vorabdruck in *Junge Welt*. 14.8.2010.

sondern eine gesellschaftliche Struktur herausgebildet haben, die „hinter unserem Rücken" wirkt und uns Sachzwängen ausliefert, hat Marx klar extrapoliert. Wir produzieren die Waren und doch behandeln wir sie wie Fetische. Es ist so trivial nicht, dass wir eine Fetischgeschichte der kapitalistischen Produkte schreiben könnten vom Automobil bis zum iPhone, die ohne Marx kaum Tiefe gewinnen würde. Wir produzieren Maschinen und technisch-wissenschaftliche Apparaturen, die uns schließlich beherrschen: vom Fließband bis zum Atomkraftwerk können wir diese verheerende Umkehrungsbewegung beobachten.

Ich finde selbst dort, wo man geneigt ist, Marx zu verabschieden oder als ideologisch abzukanzeln, gültige Beschreibungen des Kapitalismus: Die aktuelle Krise zeigt doch, dass eine der tragenden Annahmen des „tendenziellen Falls der Profitrate" stimmig ist: dass der Kapitalismus ein paradoxes System ist, in dem das Gelingen der Ausbeutung zu einer Krise der Akkumulation führt. Die Produktivkraft der lebendigen Arbeit wird soweit gesteigert bis die Mittel dieser Steigerung das Verhältnis von Produktivkraftsteigerung und Mitteleinsatz ruinieren. Dann ist der Punkt erreicht, an dem die Steigerung der Ausbeutungsrate keinen zusätzlichen Profit mehr generiert. Von einem automatischen Zusammenbruch kann dennoch gar keine Rede sein. Das anzunehmen wäre wiederum Ideologie. Denn die Geschichte ist relativ offen: das Kapital antwortet auf diese Krise mit weiterer Herabdrückung der arbeitenden Klasse, mit Lohndrückerei, Arbeitslosigkeit, Prekarisierung, Neuzusammensetzung der Arbeiterklasse. Diese Maßnahmen verschärfen den Klassenantagonismus und ob dieser emanzipatorisch-revolutionär gelöst wird oder in der Barbarei mündet, ist offen. Vor dem Hintergrund der tiefen gegenwärtigen Krise des kapitalistischen Weltsystems einerseits und dem Explodieren der Kämpfe und Revolten gegen die Strategien des Kapitals und seiner Funktionäre andererseits, entdeckt nicht zuletzt – und nicht ohne Grund – auch der beängstigte *Bourgeois*, der gerne bloß *Citoyen* wäre, Marx wieder. Ob wir freilich zur Behebung des aktuellen Zustandes eher von Marx oder eher von Bakunin oder Blanqui etwas lernen können, ist eine offene Frage. Das „Unsichtbare Komitee", dessen Schrift *Der kommende Aufstand* ja viel diskutiert wird, scheint es mit letzterem zu halten und bezieht sich mit der Idee zum Aufbau von Kommunen auf eine alte anarchistische Vorstellung. Ist dann mit Kommune mehr als zwei, drei Bauernhöfe und ein in Freundschaft, Liebe und Kampf verbundenes Kollektiv gemeint, haben wir wieder Marx an Bord, dessen Kommunismusbegriff sich ohne die reale Erfahrung der Pariser Commune gar nicht hätte entwickeln können. Diejenigen die Marx' Denken als Ideologie bezeichnen, wollen die Krise der kapitalistischen Produktionsweise, die Möglichkeit zum Kommunismus und die Aktualität des Klassenkampf leugnen. Sollen sie doch ..., die „*wirkliche Bewegung*" bekommen sie nicht los.

PHILIPPE KELLERMANN: Vorab möchte ich deinen Hinweis auf die problematischen Seiten des Spanischen Bürgerkriegs aufnehmen und sie für ein paar selbstkritische Bemerkungen nutzen. Denn in meiner „Einleitung" des Bandes *Begegnungen feindlicher Brüder*, zu dem ja auch du einen Beitrag verfasst hast[15], schrieb ich: „Dass sich die AnarchistInnen auch in Situationen, in denen sie aufgrund ihrer Stärke die Möglichkeit gehabt hätten, Repression im Stil der Bolschewiki auszuüben, sich nicht brutalisieren ließen, hat ihr Verhalten im Spanischen Bürgerkrieg bewiesen"[16]. Nun würde ich an einer grundlegenden Differenz zu den Bolschewiki nach wie vor festhalten, aber pauschal zu sagen, dass sich die Anarchisten und Anarchistinnen „nicht brutalisieren ließen" erweckt den Eindruck, als wäre da alles Friede-Freude-Eierkuchen gewesen, und dem war nicht der Fall, wie vor allem, aber nicht nur, die Gewalt gegen den Klerus zeigt.[17]

Aber zurück zu deinen Ausführungen, in denen du viele wichtige Dinge angesprochen hast. Ich greife die Frage des „Bilderverbots"

---

15 Gerhard Hanloser: ‚Marxistischer Antileninismus. Libertäres und Anti-Libertäres im Rätekommunismus', in: Philippe Kellermann (Hg.). *Begegnungen feindlicher Brüder. Zum Verhältnis von Anarchismus und Marxismus in der Geschichte der sozialistischen Bewegung*. Münster, 2011. S.107-126.

16 Philippe Kellermann: ‚Einleitung', in: ders. (Hg.). *Begegnungen feindlicher Brüder. Zum Verhältnis von Anarchismus und Marxismus in der Geschichte der sozialistischen Bewegung*. Münster, 2011. S.7-16. Hier: S.11.

17 Martin Baxmeyer: ‚Bürgerkrieg und soziale Revolution in Spanien. Eine Einleitung', in: ders./Bernd Drücke/Luz Kerkeling (Hg.). *Abel Paz und die Spanische Revolution. Interviews und Vorträge*. Frankfurt am Main, 2004. S.13-35. Hier vor allem: S.28ff. Siehe auch die Erlebnisberichte von Simone Weil und deren Diskussion in: Charles Jacquier (Hg.). *Lebenserfahrung und Geistesarbeit. Simone Weil und der Anarchismus*. Nettersheim, 2006. Hier vor allem: S.117ff.

heraus und deine These, wonach die wirkliche Bewegung der Arbeiter stets radikaler war, als die jeweiligen Ideologien. Mir scheint diese Ansicht, wenngleich im manchem zutreffend, eine zentrale Problematik zu übergehen. Nehmen wir das Beispiel der Novemberrevolution in Deutschland. Sicherlich waren hier Teile der Arbeiterschaft radikaler als ihre Parteifunktionäre etc. Dennoch waren sie nicht in der Lage eine grundlegende Transformation zumindest ansatzweise einzuleiten. Von anarchistischer Seite wurde dies nun gerade auf den Typus der deutschen bzw. marxistischen Arbeiterschaft zurückgeführt: „Diese [durch die Fokussierung auf Parlamentarismus, Trade-Unionismus und Parteihierarchie] verhängnisvolle Vernachlässigung einer wahrhaft sozialistischen Erziehung der Arbeiterklasse musste sich dann auch während der stürmischen Periode nach dem [Ersten Welt-]Kriege überall bemerkbar machen, und auch die Revolution war nicht imstande, den Mangel an dieser Erziehung ersetzen zu können. Revolutionen können immer nur Keime entwickeln, die bereits vorhanden und in das Bewusstsein der Massen eingedrungen sind; allein sie können diese Keime nicht selber schaffen und aus dem Nichts neue Welten formen. Daher konnte die Revolution auch in diesem Falle nur eine Veränderung der politischen Formen bewirken und neuen Parteien zur Macht verhelfen, aber die Fundamente des wirtschaftlichen Organismus blieben unberührt, und alle praktischen Versuche auf diesem Gebiete scheiterten an dem Unvermögen der Arbeiter, die alles Heil von der neuen Staatsform erwarteten."[18] Im Gegensatz dazu ist das Beispiel der Spanischen Revolution von Interesse, denn, wie (nicht nur) Gaston Leval als Bedingung der rasanten Kollektivierungsleistungen betont: „Während in anderen Ländern und in Kampfperioden nur die Kritik, die bloßen unmittelbaren Forderungen, die Entlarvung der gesellschaftlichen Übelstände – bis hin zu bloßen Schimpfereien – besonders in den Vordergrund gestellt wurden, werden hier [in der spanischen Arbeiterbewegung] immer wieder die Ziele und konstruktiven Ideen wiederholt."[19] Mir scheint deshalb, dass das marxistische Bilderverbot vor allem zu einer folgenreichen Rat- und

---

18 Rudolf Rocker: *Die Rationalisierung der Wirtschaft und die Arbeiterklasse* (1927). Frankfurt am Main, 1980. S.6f.

19 Gaston Leval: *Das libertäre Spanien. Das konstruktive Werk der Spanischen Revolution 1936-1939.* (1971). Hamburg, 1976. S.27.

Phantasielosigkeit der es akzeptierenden Arbeiterbewegungen geführt hat und Landauers Position gültig ist, wonach der Sozialismus „gelernt und geübt" werden müsse.[20] Was meinst du zu alledem?

GERHARD HANLOSER: Das ist ein wirklich großer Problemaufriss. Vielleicht generell: die Aussage, die Arbeiter und Arbeiterinnen waren immer radikaler als ihre Führer und Ideologen, hat natürlich eine polemische Note. Sie richtet sich gegen diejenigen, die Führungspositionen für sich reklamieren und meinen, man bräuchte mehr oder weniger „organische Intellektuelle" – womit sie sich selbst meinen –, um die als lethargisch und inaktiv geschilderte Arbeiterklasse ins Paradies zu führen. Heutzutage dient diese Rede vom „organischen Intellektuellen" nur noch dazu irgendwo als *Organizer* in der Gewerkschaft oder als Anhängsel der Partei „Die Linke" Platz nehmen zu dürfen. Christian Riechers, ein unheimlich kluger 68er-Denker, hatte das mal ganz schön und böse so kommentiert: „Die Podiumslöwen des akademischen Marxismus bekommen leuchtende Augen, wenn sie wunschträumerisch von den ‚organischen Intellektuellen im Sinne Gramscis' sprechen. Sie sollten nachlesen: es sind schlicht und ergreifend die Angestellten von Gewerkschaften, Bildungseinrichtungen und politischen Parteien der Arbeiterbewegung, die gut funktionierenden Funktionäre der Basis, die unberatenen Bürokraten und die aufgeblasenen Bonzen im rastlosen Vermittlungsgeschäft in den Intermundien der Klassengesellschaft."[21] Ich würde vorschlagen, jeden, der mit dem Gramscischen „organischen Intellektuellen" um die Ecke kommt, schlicht nach seinem Arbeitgeber zu fragen.

Aber zu der eigentlichen Frage: Sind die Arbeiter immer radikaler als ihre selbsterklärten „Führer"? Tatsächlich muss man eine solche Diagnose immer im Einzelfall prüfen. Zu dieser Frage gibt es ein recht interessantes Buch von Michel Seidman, das endlich im Verlag Graswurzelrevolution erschienen ist: anhand der Arbeiterkämpfe zur Zeit

---

20 Gustav Landauer: ‚Das Amt der Schweiz an der Menschheit' (1915), in: ders.: *Internationalismus. Ausgewählte Schriften.* Band 1. Lich, 2008. S.236-237. Hier: S.236.

21 Christian Riechers: ‚Gramscis ›unbegrenzt haltbare‹ Intellektuellentheorie' (1980), in: ders. *Die Niederlage in der Niederlage. Texte zu Arbeiterbewegung, Klassenkampf, Faschismus.* Münster, 2009. S.323-328. Hier: S.325.

der französischen Volksfrontregierung 1936 in Frankreich und während der revolutionären Phase im Spanischen Bürgerkrieg, zeigt der stark von einer situationistischen Anti-Arbeitsideologie geprägte Historiker, dass sich die Arbeiter und Arbeiterinnen den produktivistischen Appellen sowohl der Volksfront als auch der CNT entzogen, ja regelrecht gegen sie rebellierten. In der Arbeiterbewegungs-Geschichtsschreibung ist dies wahrlich ein vollkommen neuer Fokus: die Arbeiter und ihr Bedürfnis, sich der Arbeit zu entziehen, gilt es von den Organisationen und ihren Ideologien zu unterscheiden.

Das Problem an Seidmans Studie ist meines Erachtens, dass er nicht sieht, dass viele anarchistische Arbeiter und Arbeiterinnen selbst positiv zur Arbeit standen: Müßiggang und Kostgängertum wurden schlecht angesehen, Arbeit hingegen positiv als Selbstverwirklichung, Anerkennungsverhältnis und kollektive Leistung in einem reziproken Verhältnis verstanden. Wer das biographisch studieren möchte, lese das Buch von Lucio Urtubia.[22] Dem arg individualistischen Fokus von Seidman, den er in späteren Forschungen noch verengt hat, scheint dies zu entgehen. Man kann nicht die situationistische Ideologie der 1960er Jahre, die einen vollständig anderen Träger hatte, einfach über eine historisch anders gelagerte Etappe mit anderen Arbeiterfiguren, einem anderen Niveau des Klassenkampfs und des Arbeiterbewusstseins überstülpen.

Desweiteren finde ich es problematisch, sich in einer Sympathien nicht verkneifenden Geschichtsschreibung unumwunden auf die Seite der Anti-Arbeits-Haltung zu schlagen. Arbeit als Stoffwechselprozess mit der Natur wird es immer geben. In den Worten von Marx: die notwendige Arbeit ist in allen Gesellschaften vorgegeben. Nun stellt sich aber freilich die Frage: was macht diese gesellschaftlich notwendige Arbeit aus? Noch dazu – wie im Fall Spaniens – in einer Situation des Bürgerkriegs?

Prinzipiell kann gesellschaftlich notwendige Arbeit nur in einem kollektiven Aushandlungsprozess festgelegt werden und wird zudem von den Dingen selbst vorgegeben. Jede Arbeitstätigkeit benötigt einen bestimmten Zeitaufwand, der objektiv gegeben ist: Wer nach der Revolution Bier trinken will, muss sich an die Produktionsverfahren des Bierbrauens halten. Da sind bestimmte Arbeitsschritte notwendig und

---

22 Lucio Urtubia: *Baustelle Revolution - Erinnerungen eines Anarchisten,* Berlin/Hamburg, 2010.

eine bestimmte Zeit ist dafür aufzubringen. Marx hatte schon Recht: Arbeit kann „nicht Spiel" werden[23]. Wird es das im genannten Fall, wird das Bier ungenießbar.

Was die deutsche Novemberrevolution anbelangt, so überwog eindeutig das nicht-revolutionäre Verhalten der Mehrheit der deutschen Arbeiterklasse. Wie lässt sich erklären, dass wir es speziell in Deutschland mit einer so weitgehend pazifizierten und wenig revolutionären Arbeiterklasse zu tun haben?

Es scheint mir eher ein Übermaß an Erziehung gegenüber der Arbeiterklasse in der Periode vom Vormärz bis zum Ersten Weltkrieg gegeben zu haben.

Es gibt ja mittlerweile eine Vielzahl von Beschreibungen, die zeigen, wie wenig die Arbeitervereine, Parteien und Erziehungsinstitutionen der Situation der ganz unterschiedlich zusammengesetzten Arbeiter- und Arbeiterinnenklasse gerecht wurden. Die Revolte wurde stets verteufelt und nicht als eine Form des Lernprozesses, der direkten Aneignung oder der – sicherlich auch mit Gefahren verbundenen – Chance zu etwas Neuem begriffen. Stattdessen waren auch die Arbeiterorganisationen stets Orte, an denen die Fabrikation des zuverlässigen Menschen ausgeübt wurde. Dass ein erst faschistischer, später bundesrepublikanisch-postfaschistischer Wirtschafts- und Sozialhistoriker wie Werner Conze lobende Wort über die von den Arbeitergroßvereinen geleistete Formierung des Proletariats in Deutschland findet, spricht schon Bände. Ebenso wie der Titel seines Aufsatzes: „Vom ‚Pöbel' zum ‚Proletariat'"[24]. Zugespitzt könnte man ja über die Sozialdemokratie sagen: zuerst hat sie die Proletarisierten zu produktiven Arbeitern erzogen, später, in der Phase der Nationalisierung der Massen, hat sie aus Arbeitern Krieger geformt und sie als Sozialimperialisten und Etatisten auf den Faschismus vorbereitet – worauf bereits der Rätekommunist

---

23 Karl Marx: *Grundrisse der Kritik der politischen Ökonomie* (1857/58). Frankfurt am Main/Wien, o.J. S.599.

24 Werner Conze: ‚*Vom ›Pöbel‹ zum ›Proletariat‹. Sozialgeschichtliche Voraussetzungen für den Sozialismus in Deutschland'*, in: *Vierteljahrschrift für Sozial- und Wirtschaftsgeschichte*. Nummer 41 (1954). S.333-364.

Willy Huhn aufmerksam gemacht hat.[25] Nach dem Krieger und Schlächter des Ersten und Zweiten Weltkrieges kam der Konsument und nach dem keynesianischen Konsumenten im Zuge von Blair/Schröders *„new labor"* neoliberal vereinzelt und autoritär mobilisierte Einzelne. Stets hat sich die Sozialdemokratie die Aufgabe gestellt, die Menschen mit den je aktuellen Produktionsparadigmen zu versöhnen.

Und natürlich – um meine oben aufgestellte These zu revidieren – waren die Intellektuellen, Künstlerinnen und Künstler und – wenn man so will – „Führer" beispielsweise der Münchener Räterepublik radikaler und revolutionärer als der Großteil der bereits weitgehend revolutionär depotenzierten Arbeiterschaft.[26] Sie schöpften ihre radikale Ablehnung des Bestehenden auch nicht so sehr aus einer verselbstständigten Arbeits- und Produktionsideologie. Eher trifft man bei ihnen auf Ideen einer Einübung ins Kollektive und Gemeinsame, die teilweise in einem romantizistischen Antikapitalismus wurzelten, in quasi-religiösen Gemeinschaftsritualen und der Jugend- und Wandervogelbewegung entstammten. Aspekte, die absolut faszinierend sind, deren Inhalt aber aufgrund der Adaption durch völkische und faschistische Kreise kontaminiert zu sein scheinen. Dennoch denke ich, dass solche Formen eines Gemeinschaftsgeistes, nennen wir es unschuldiger: *„Spirit"*, zur Konstitution nach-kapitalistischer Kollektive enorm wichtig sind. Die Linke hat das in ihrer Borniertheit und aufgrund des Verhaftet-seins in ihrem Produktionsparadigma nicht zur Kenntnis nehmen können. Ernst Bloch hat diesen Punkt mit dem Begriff des „Wärmestroms" zwar ganz gut erfasst, dann aber wieder im Nebulös-Utopischen verloren und mit einem Hyperstalinismus flankiert. Dieser *„Spirit"* begegnete mir in frühen Jahren in besetzten Häusern, er tauchte wieder auf in der Anti-Globalisierungsbewegung und ist jetzt in den globalen Zeltstädten

---

25 Willy Huhn: *Der Etatismus der Sozialdemokratie. Zur Vorgeschichte des Nazifaschismus*. Freiburg, 2003. Siehe hierzu auch meine Besprechung des Buches: Gerhard Hanloser: ‚Ein Grundkurs in politischer Geburtshilfe. Willy Huhns Untersuchungen zur Vorgeschichte des Nationalsozialismus', in: *Wildcat*. Nummer 69. Frühjahr 2004. S.64-66.

26 Man lese nur die Schriften von Gustav Landauer und Erich Mühsam ... Und als Untersuchung der Grenzen der Räterepublik z.B. Michael Seligmann: *Aufstand der Räte. Die erste bayerische Räterepublik vom 7.April 1919.* Grafenau, 1989.

von Kairo über Madrid, Tel Aviv bis zum Zuccotti Park zu spüren. Die marxistischen Linken mit ihrem starren Blick und ihrer agitatorischen Zeitschrift in der Hand wirken da immer als Fremdkörper – und das ist auch gut so. Denn die von ihnen angepeilte „wahrhaft sozialistische Erziehung der Arbeiterklasse" ist doch vollkommen überholt, wir können da auch nicht mehr viel aus dem historischen Bestand des Kommunismus, Syndikalismus, Anarchismus usw. herausholen, weil diese Arbeiter- und Arbeitsideologien einfach zu sehr mit dem Produktivitätsparadigma verbunden sind.

Sehr schwierig zu beantworten finde ich die Frage, ob der Sozialismus „gelernt und geübt" werden muss. Ich würde es anders formulieren: welche Momente gibt es, die bereits im Hier und Jetzt helfen, einen Prozess der Befreiung auf den Weg zu bringen. Ich möchte das ganz kursorisch beantworten: dass die Arbeiterklasse der Metropolen nicht mehr durch Großfabriken und ein konsistentes Arbeitermilieu geprägt ist – mit eigener Kultur und klar abgegrenzten Identitäten – bringt uns weder näher zu noch führt es uns weiter weg von einer befreiten Gesellschaft. Ich halte sehr viel von der Beschreibung des Postoperaisten Paolo Virno, wonach die heutigen Arbeitsverhältnisse, die Prekarität, die Formen neuer Selbstständigkeit einen generalisierten Zynismus und eine postideologische Anpassungsbereitschaft auf den Plan rufen. Aber das ist stets umkämpft! Die neuen Zeltplatz-Bewegungen haben der Anpassungsbereitschaft und dem Zynismus die rote Karte gezeigt. Das Postideologische als neueste Stufe der Ideologie grassiert dagegen. Hier steht ein Lernprozess noch aus: von „Wir sind 99 %" zu „Wir sind alle Proletarisierte" – dann wird auch klar, dass die Nicht-Proletarisierten und ihre Fürsprecher mehr sind als nur 1 %. Ich setze mehr als andere, die allein in der objektiven Verlaufsform des Kapitalismus emanzipatorische Momente entdecken, auf das in den Bewegungen die Zumutungen des Kapitalismus zurückweisende und diesen transzendierende. Allerdings nicht als Bewegungen des guten Willens, sondern vor dem Hintergrund einer gegebenen materiellen Situation. Wir sollten mit diesem Pokern mit objektiven Tendenzen aufhören, die scheinbar hinter dem Rücken irgendetwas bewirken oder vorbereiten: einen „Kommunismus der Sachen" gibt es nicht.²⁷ Es ist allein die *face-to-face*-Verbindung, die Vernetzung, Verknüpfung und Beziehung von Aufbrechenden, die etwas Neues schafft. Allerdings nicht in der Unbestimmtheit von John Holloways letztem Buch²⁸, sondern die Frage ist tatsächlich: können sich *Occupy*-Bewegung, Streikende und Plünderer aus den englischen Städten miteinander verbinden? Kann es gelingen, nicht nur zentrale Plätze anzuzeigen, sondern den gesamten produktiven Gesellschaftskomplex, um diesen neu, jenseits von Staat, Geld und Lohnarbeit zu organisieren? Wir haben gar keine Zeit, mühsam uns hierauf vorzubereiten. Es kann sein, dass die Krise diese Einübungszeit gar nicht zulässt.

Zu guter Letzt: können die Linken, die allzu gerne Erzieher sein wollen ohne die Frage „Wer erzieht die Erzieher?" tatsächlich an sich ran zu lassen, das verlernen, was sie in ihren Gruppen, Organisationen und Parteien gelernt haben: das Manipulieren und Abtöten dessen, was ich hilflos „*Spirit*" nenne, die Hybris, die Verstellung, das konkurrenzbehaftete *racket*-Verhalten. Sollte das gelingen, haben wir eine Chance.

PHILIPPE KELLERMANN: Da du *Gegen die Arbeit* von Seidman erwähnst: mich hat dieses Buch wirklich schockiert.²⁹ So wusste ich bis dahin z.B. nichts über die Existenz von Arbeitslagern in Spanien. Manches hat allerdings auch mich bei der Darstellung etwas gestört. So scheinen mir die Differenzen zwischen spanischen Anarchosyndikalisten und den Bolschewiki nach wie vor erheblich, was Seidman meines Erachtens zu sehr einebnet. Auch arbeitet er – so der Eindruck nach der ersten Lektüre – zu sehr implizit mit einer Vorstellung von historischer Notwendigkeit, vielleicht gar nicht so unähnlich wie du, wenn du zu Anfang unseres Gesprächs auf die „historischen Rahmenbedingungen" hinge-

---

27 Leider verfielen auch viele Rätekommunisten einem solchen Glauben. Siehe dazu: Gerhard Hanloser: ‚Ernst Jüngers ›Der Arbeiter‹ und Heinz Langerhans' rätekommunistischer Gegenentwurf', in: *Archiv für die Geschichte des Widerstands und der Arbeit*. Nummer 19 (2011). S. 221-246.

28 John Holloway: *Kapitalismus aufbrechen*. Münster, 2010. Zu einer Besprechung dieses ärgerlich-unbestimmten Buches siehe: Gerhard Hanloser: ‚Wir alle, die wir etwas tun', in: *Neues Deutschland*. 15.12.2010. S.15.

29 Philippe Kellermann: ‚Ernüchterung und Scham. Über ein verloren gegangenes ‚Geschichtszeichen' (Kant)', in: *Graswurzelrevolution*. Nummer 365. Januar 2012. S.20.

wiesen hast, die „vielleicht" dafür verantwortlich gewesen seien, „dass die Befreiung im Sinne einer von unten organisierten, libertären Gesellschaft" noch nicht in Angriff genommen werden konnte. Mit Dank nehme ich auch deinen Hinweis auf Lucio Urtubias Erinnerungen auf: ein wirklich schönes, weil „einfaches" Buch, das einem immer wieder zeigt, wie absurd es ist, die Geschichte der sozialistischen Bewegungen unter Labeln wie beispielsweise „Arbeiterbewegungsmarxismus" etc. einfach abzukanzeln. Beeindruckt hat mich dabei, wie hilflos Urtubia dem „Phänomen" der Ghetto-Jugendlichen um ihn herum gegenübersteht, weil diesen nämlich jeder emanzipatorische „*spirit*" – um in deiner Begrifflichkeit zu bleiben – fehlt.[30] Gerade dies aber, finde ich, bestätigt die Notwendigkeit eines Idealismus – wenn man so will – eines Idealismus, zu dem ich mich selbst im Übrigen nicht aufzuschwingen vermag. Solche Anekdoten jedenfalls deuten auf das mögliche Problem hin, wie viel an kämpferischer Moralität und Hoffnung historisch verloren gegangen ist.

Für meine nächste Frage will ich aber auf eine frühere Bemerkung von dir eingehen. Du hattest im Kontext einiger Bemerkungen zu *Der kommende Aufstand* darauf hingewiesen, dass die „Idee des Aufbaus von Kommunen ja auf eine alte anarchistische Vorstellung" zurück verweise und gemeint: „Ist mit Commune mehr als zwei, drei Bauernhöfe und ein in Freundschaft, Liebe und Kampf verbundenes Kollektiv gemeint, haben wir wieder Marx an Bord, dessen Kommunismusbegriff sich ohne die reale Erfahrung der Pariser Commune gar nicht hätte entwickeln können." Mir ist nun nicht recht klar, warum wir Marx brauchen, wenn wir über kommunal-föderierte Vorstellungen jenseits

---

30 „Ich hatte mit den Jungen immer ein gutes Verhältnis. Als das Buch *Lucio l'irréductible* herauskam, gab ich ihnen ein paar Exemplare. Ich hatte gehofft, mit ihnen über ein paar Dinge diskutieren zu können. Sie kamen auch häufig, um mir mit großem Interesse Fragen zu stellen, aber sie wollten immer nur wissen, wie man eine Bank ausraubt. (…) Nach mehreren Jahren [die sie in Urtubias Kulturzentrum kommen] sehe ich immer noch keinen Fortschritt bei ihnen, aber ich vergesse auch meine eigene Vergangenheit nicht, jene Zeit, als wir zu Hause nichts zu essen hatten, keine Kleidung, keine Schuhe. Mein Reichtum war damals mein Wille, zu lernen und zu arbeiten, um einen Beruf zu haben und allen helfen zu können, meinen Eltern und meinen Geschwistern. Heute sind die Dinge ganz anders." Lucio Urtubia: *Baustelle Revolution. Erinnerungen eines Anarchisten*. Hamburg/Berlin, 2010. S.237.

von „zwei-drei Bauernhöfen" sprechen. Ich möchte hier einwenden, dass sich das anarchistische Denken z.B. eines Bakunin oder Proudhon niemals nur auf ein paar Bauernhöfe bezogen hat, wie auch, dass die gesellschaftsorganisatorische Skizze, wie sie Marx im *Bürgerkrieg in Frankreich* anhand der Kommune gegeben hat[31], vielmehr an die älteren Positionen der genannten Anarchisten (implizit) anknüpft und gerade nicht an Marx' eigene Vorstellungen, die er vor der Kommune vertrat.

Worin besteht deines Erachtens der zwingende Grund sich mit Marx in dieser Hinsicht auseinander zu setzen? Was teilt er uns mit, das über die föderalistischen Positionen eines Proudhon oder Bakunin hinausweist? Und: welchen Stellenwert hat deines Erachtens die Kommune-Schrift im Marxschen Werk. Zeitgenossen von Marx haben diese ja eher als taktische Annäherung – zwecks Usurpation des „Mythos der Kommune" –, denn als ernst gemeinte Neupositionierung, zum Beispiel gegenüber dem *Manifest*, interpretiert.[32]

GERHARD HANLOSER: Ich höre aus deiner ein wenig grummeligen Frage nach dem zwingenden Grund für eine Auseinandersetzung mit Marx das alte anarchistische Anti-Marx-Ressentiment heraus. Ich bin kein Marx-Philologe, sondern ein Libertärer mit Interesse an Marx – und als solcher kann ich lediglich sagen: ohne den Ansatz von Kommunismus als Globalität wäre Marx heutzutage wirklich nicht weiter beachtenswert. Aber dieser Gedanke steckt sowohl im *Manifest*, als auch in der *Deutschen Ideologie*: „Der Kommunismus ist empirisch nur als die Tat

---

31 Karl Marx: ‚Der Bürgerkrieg in Frankreich' (1871), in: *MEW*. Band 17. Berlin, 1971. S. 313-365.

32 Z.B. Michael Bakunin: ‚Brief an die Redaktion der Brüssler Liberté' (1872), in: ders. *Staatlichkeit und Anarchie und andere Schrift*en. Frankfurt am Main/Berlin/Wien, 1972. S.808-841. Hier: S.839. Rückblickend schreibt deshalb der Anarchist Müller-Lehning: „Es ist eine Ironie der Geschichte, dass im selben Moment, als dieser Kampf der ‚autoritären' und ‚antiautoritären' Richtung [in der Internationale] seinen Höhepunkt erreichte, Marx unter dem Eindruck der ungeheuren Wirkung der revolutionären Erhebung des Pariser Proletariats die Ideen dieser Revolution, die das Gegenteil waren von denjenigen, die er vertrat, in einer Weise auseinandersetzte, dass man sie fast eine Programmschrift jener von ihm mit allen Mitteln bekämpften antiautoritären Richtung nennen könnte." Arthur Müller-Lehning: *Anarchismus und Marxismus in der russischen Revolution* (1929/30). Berlin, o.J. S.28.

der herrschenden Völker ‚auf einmal' und gleichzeitig möglich, was die universelle Entwicklung der Produktivkraft und den mit ihm zusammenhängenden Weltverkehr voraussetzt."[33] Diese Vorstellung musste von den Verwaltern der MEW mit Vorwörtern und Endnoten über monopolistisch-imperialistische Phasen, in denen auch einzelne Länder den Sozialismus aufbauen dürfen, kaschiert werden. Ist also der erste Teil des Marx-Satzes gegen die ML-Stalin-Fraktion gerichtet, so der zweite Teil des Satzes ein Schlag ins Gesicht der Anarchos, denn die orthodoxen Anarchistinnen und Anarchisten meinen immer und jederzeit aus den Verhältnissen rausspringen zu können. Man brauche nur guten Willen, festen Glauben und – in deinen Worten – Idealismus. Davon halte ich nichts. Wir müssen uns heute nichts Geringeres vorstellen als eine weltweite Commune – besonders angesichts der Krisenhaftigkeit des Weltkapitalismus. Die objektiven Bedingungen sind durch die globale, digitale Vernetzung so gut wie noch nie. Und könnten wir eine solche Vernetzung dort, wo sie notwendig ist, noch weiter ausbauen, dann könnte die Produktion auf einem ganz anderen Niveau weltweit aufeinander abgestimmt werden als zu Zeiten der Russischen Revolution.

In diesen Fragen bin ich dann doch – wenn man so will – sturer Objektivist. Deshalb denke ich auch, dass man die politischen Akteure der Vergangenheit nicht subjektivistisch und moralisch – mal positiv, mal negativ – je nach Gusto und heutiger Vorliebe beurteilen kann. Man muss ihre Politik vor dem Hintergrund der sozialen und ökonomischen Verhältnisse beurteilen. Man muss sie auch vor dem Hintergrund dessen, was damals überhaupt möglich und denkbar erschien, begreifen und kritisieren. Und um nochmals auf die Seidman-Studie zu sprechen zu kommen: ich sehe nicht, dass er implizit mit einem Begriff der historischen Notwendigkeit operiert, sonst würde er sich doch nicht so klar auf der Seite der arbeitsverweigernden Arbeiter gegen die produktivitätsfixierten Kader positionieren, oder? Ich glaube eher, dass er stark von einer bürgerlichen und individualistischen Arbeitskritik beispielsweise einer Hannah Arendt geprägt ist, aber das ist nur eine Vermutung. Ich bin alles andere als ein Traditionsanarchist, aber beim Lesen des Buches habe ich – gegen die Intention des Autors – ein Verständnis

---

33 Karl Marx/Friedrich Engels: ‚Die deutsche Ideologie' (1845/46), in: *MEW*. Band 3. Berlin, 1990. S.9-530. Hier: S.35.

für die Situation der ideologisch gefestigten Arbeiteranarchisten, die ja meistens noch nicht voll von der Basis abgekoppelte Kader waren, entwickelt, ein Verständnis, das ich merkwürdigerweise keinem Industrialisierungsapostel des ML entgegenbringen würde. Warum eigentlich? Weil die Politik der CNT-Aktivisten und ideologisch gefestigten Arbeiteranarchisten, die Arbeiterinnen und Arbeiter allgemein (also auch sich selbst!) auf die Arbeit zu verpflichten, ja nicht in erster Linie etwas mit einem verselbstständigten „Arbeitsfetisch" und anderem zu tun hatte, sondern damit, dass sie eine bestimmte Arbeit als notwendig erachtet haben. Auch erscheint mir die Seidmansche Trennung in arbeitsvermeidende Arbeiter auf der einen und produktionsstolze Aktivisten auf der anderen Seite ziemlich starr und statisch. Angesichts eines Landes, das weitgehend agrarisch strukturiert war, angesichts einer entwicklungsunfähigen reaktionären Bourgeoisie (wie Seidman vollkommen überzeugend schildert), angesichts eines aufgezwungenen Bürgerkrieges (den Seidman meines Erachtens in seiner Verheerung nicht genug würdigt), sollte man produktiv in die Hände spucken und den Sozialismus aufbauen und die Faschisten mit genügend Munition bekämpfen. Das war eine durchaus weit geteilte Ansicht unter den städtischen Arbeitern und den Landarbeitern. Die Anarchisten sind daran gescheitert, dass der spanische Anarchismusversuch eben nicht „auf einmal", „zugleich" und global stattfand, sondern in der welthistorisch ungünstigsten Situation, die man sich vorstellen kann. Und so sah man sich einer ähnlichen Situation ausgeliefert, wie die Sowjetunion nach 1917. Darin liegt auch die Vergleichbarkeit dieser beiden Situationen. Ich wage allerdings einen Unterschied zu machen: in der Sowjetunion hätte es ein anderen Weg geben können, der aufgrund der Repression der Bolschewiki gegenüber den linken Sozialrevolutionären, aber auch durch die selbstmörderische Attentatspolitik letzterer versperrt wurde. Die linken Sozialrevolutionäre hatten unbewusst die Vorstellungen des späten Marx nach seinen Russland-Studien aufgenommen: sie wollten eine kommunistische Gesellschaft, die nicht erst durch das „kaudinische Joch" (Karl Marx) von Kapitalismus und Industrialismus durchgehen muss. Die Idee der Möglichkeit einer Verbindung von spezifischem Agrarkommunismus und städtischem Kommunismus war in der Frühphase der Russischen Revolution durch diese recht einflussreiche Gruppierung als reale Alternative in der Welt. Dies zu ignorieren, die Bauern auf Kosten der Städte zu plündern und auf ihrem Rücken eine forcierte Industrialisierung durchzusetzen, kann also durchaus als falsche, verheerende Politik kritisiert werden.[34] Es gab damals bereits Alternativen. Nun die Wendung: Ich sehe nach der Seidman-Lektüre einen anderen revolutionären Weg in Spanien nicht. Ich denke nach wie vor, dass Milizsystem, Ausweitung der Revolution in Spanien, neue soziale Beziehungen auf allen Ebenen ganz materiell – und dadurch auch ideell – den Kampfgeist befeuern hätten können, schließlich wollte man die Faschisten auch wegen des besseren Lebens mit Leib, Herz und Seele bekämpfen. Und den Krieg zu gewinnen heißt: Arbeit! In dem Moment, in dem die Stalinisten die Revolution töteten und sich die Anarchisten durch ihre Regierungsteilnahme zur (Bürger)Kriegspartei wandelten – mit allen sich daraus ergebenden Konsequenzen –, erstarb dieser Revolutionsenthusiasmus, der auch harte Entbehrungen auf sich zu nehmen bereit war. Nun sagt Seidman: Nun ja, die Arbeiter haben – jenseits der roten Bilder und Plakate der CNT – von Anfang an und beständig versucht, möglichst wenig zu arbeiten und dafür möglichst viel Geld herauszuschinden. Darauf aufmerksam zu machen ist innerhalb der Arbeiterbewegungsgeschichtsschreibung, in der lange Jahrzehnte die Organisationsideologie über die empirischen Arbeiterinnen und Arbeiter drübergestülpt wurde, sicherlich enorm wichtig. Aber mir behagt an Seidmans Blickwinkel nicht, dass er einige Fragen bezüglich seines eigenen Begriffs von Revolution und Geschichte offen lässt: Ist Kommunismus identisch mit einer „Verteidigung des Müßiggangs an sich"? Ist Kommunismus schlicht das genaue Gegenteil, ja die Wiederlegung des Produktivismus? Kann freiheitlicher Kommunismus erst in Angriff genommen werden, wenn ein „kybernetisches Utopia" – wie Seidman schreibt – verwirklich ist? Der vielbeschworene Produktivismus der Arbeiteravantgarden und der CNT erscheint wie eine verselbstständigte Ideologie ohne Rückkoppelung zur gesellschaftlichen Notsituation. In Spanien diktierte noch das bittere Gesetz des Bodens! Hatte der Pro-

---

34 Meines Erachtens erhellt folgendes Buch die frühe politische Weichenstellung der Russischen Revolution sehr anschaulich: Alexander Rabinowitch: *Die Sowjetmacht. Das erste Jahr*. Essen, 2010. Siehe hierzu: Gerhard Hanloser: ‚Das verflixte erste Jahr. Konflikte und Weichenstellungen nach der Oktoberrevolution', in: *analyse und kritik*. Nummer 554 (2010). S.24.

duktivismus der Arbeiteravantgarden gar nichts damit zu tun? Sie wollten ja nicht die Leute knechten und irgendetwas Verhasstes beibehalten, weil sie Herren über Knechte sein und an deren Mehrarbeit partizipieren wollten, sondern predigten die Arbeit und setzten Arbeit durch, die ihnen als „notwendig" erschien! Was tun wir vor diesem Hintergrund mit dem Begriff der „notwendigen Arbeit"? Einfach verabschieden? Auch Karl Heinz Roth und Marcel van der Linden mogeln sich in ihrem euphorischen Vorwort zu Seidmans Buch um diese Fragen herum. Was soll das denn heißen, „eine klare Trennlinie zwischen allen Formen der Arbeit und der jenseits davon zu entwerfenden selbstbestimmten Tätigkeit zur Reproduktion der gesellschaftlichen Lebensprozesse vorzunehmen", wie sie schreiben?[35] Wird Bier im Kommunismus ganz anders gebraut, sozusagen im Jenseits der bisherigen Gärungsverfahren? Als früherer *Fellow-Traveller* der *Wildcat* stellt sich mir auch die Frage, ob es wirklich reicht, nur den „Kampf gegen die Arbeit!" zu propagieren. Kann man sich einfach auf die Freiheit des einzelnen Arbeiters, der einzelnen Arbeiterin, des scheinbar freien „Ichs" beziehen? Kommt man mit „Kampf gegen die Arbeit" und dem Seidman-Horizont überhaupt zu einem Begriff von Revolution und ‚Aufbau' – dirty word! - einer nach-kapitalistischen Gesellschaft... Ich schätze, man kann Dissidenz, Verweigerung, Renitenz beschreiben (das ist ja schon viel ...), aber dann?

PHILIPPE KELLERMANN: Das sind nun viele interessante und anregende Aspekte, die du einbringst, deren ernsthafte Diskussion aber den vorliegenden Rahmen sprengen würden. Stattdessen möchte ich hier nur kurz festhalten, dass es mir nicht darum geht – „grummelig" – jede Auseinandersetzung mit Marx argwöhnisch zu betrachten. Worum es mir geht, ist folgendes: es erscheint mir wichtig, sich mit der Geschichte der sozialistischen Bewegungen in ihrer Breite auseinanderzusetzen und das bedeutet meines Erachtens auch: der jahrzehntelangen Hegemonie marxistischer oder auf Marx fokussierter Traditionen entgegenzutreten und ihre zum Teil recht unhistorischen Bezugnahmen auf Marx infrage zu stellen. Beispielsweise könnte man unzählige Texte finden, wo Marx'

---

35 Karl Heinz Roth/Marcel van der Linden: ‚Vorwort' (2011), in: Michael Seidman. *Gegen die Arbeit.* Über die Arbeiterkämpfe in Barcelona und Paris 1936-38 (1991). Nettersheim, 2011. S.7-14. Hier: S.13.

Ausführungen über die Pariser Kommune ohne jede Problematisierung als *die* Marxsche Position zur Staatsfrage dargestellt werden. Als aktuelles Beispiel fällt mir da z.B. der Aufsatz „Rätedemokratie oder das Ende der Politik" von Alex Demirović ein.[36] Nun, wenn man solche Texte liest, kommt man nicht im Traum darauf, dass der Marxsche Text seinerzeit als taktisch motivierte Schrift interpretiert wurde, als eine, mit der sich Marx dem Anarchismus näherte. Es geht mir dabei also nicht so sehr um Marx-Philologie, als vielmehr um eine historisch-kritische Kontextualisierung. Welche Schlüsse man daraus zieht, auf welche „Seite" man sich schlägt, ob es diese „Seiten" in der Form überhaupt gegeben hat, all dies wäre dann, aber eben erst dann, fundierter und – wie ich meine – interessanter zu diskutieren.

Vielleicht möchtest du aber noch ein paar Worte zur historisch ja durchaus problematischen Rolle von (angeblich) historischer Notwendigkeit im marxistischen Denken sagen? Die bisherige Diskussion um Seidmans *Gegen die Arbeit* bietet dafür doch einen guten Anlass.

GERHARD HANLOSER: Mir ist bewusst, dass, argumentiert man in Hinblick auf die Revolutionsgeschichte und die darin zu Tage tretende Gewalt mit irgendwelchen „Notwendigkeiten", man sich nicht umsonst verdächtig macht. Die gerne herangezogene Notwendigkeit war eine der sophistischen Kunststücke der Stalinisten und der *Fellow-Traveller* der Sowjetunion. Einigen Täuschungen über den Stalinschen Terror erlag selbst ein so kluger und aufgeklärter Marxist wie Maurice Merleau-Ponty: man lese nur seine unmittelbar nach dem Zweiten Weltkrieg veröffentlichte Schrift *Humanismus und Terror*. Das Interessante an diesem Text ist, dass er wie kein zweiter Aufschluss über die innere Logik der bolschewistischen Gewalt und der Terrorlegitimation gibt. Merleau-Ponty versucht hier die Frage der Gewalt und des Terrors im Rahmen eines geschichtsphilosophischen Entwurfs – eines marxistischen, wie er meint – zu stellen. Gleichzeitig aber spielen für ihn die aktivistischen, aufs Proletariat und dessen Befreiung abzielenden Frühtexte von Marx eine wesentliche Rolle. Dass der Kommunismus nicht nur List und Propaganda, sondern auch prinzipienlosen Realismus praktiziere, bestreitet Merleau-Ponty nicht,

---

36 Alex Demirović: ‚Rätedemokratie und das Ende der Politik', in: *Prokla*. Zeitschrift für kritische Sozialwissenschaft. Nummer 155 (2009). S.181-206.

wobei eben besonders Gewalt und Terror eine wichtige Rolle spielen würden. Die Spezifik der bolschewistischen Gewalt wird von Merleau-Ponty dadurch bestimmt, dass sie auf die fundamentale Veränderung des *status quo* abzielt, während der angeblich gewaltlose Liberalismus, dessen wahre Realität „Kolonialismus, Arbeitslosigkeit und Lohnarbeit" und damit ebenfalls Gewalt ist, diese nur verewigen könne. Den Fokus bildet für Merleau-Ponty deshalb die Frage „nach einer Gewalt (…), die sich selbst überwindet in Richtung auf die menschliche Zukunft".[37] Doch diese Suche bleibt mit Merleau-Ponty erfolglos und weitgehend offen, denn sein vornehmliches Ziel ist es, andere Kritiken und Darstellungen der stalinistischen Terrorlogik zu kritisieren, weil er in ihnen eine Preisgabe marxistischer Positionen und damit eine Apologie des Liberalismus erblickt. So ist seine Kritik an Arthur Koestler auch mehr als schal: er sieht in ihm einen schlechten Marxisten, wie seine Kritik an der Koestlerschen Darstellung der Figur Rubaschow in dessen Buch *Sonnenfinsternis* zeigt. Rubaschow steht bei Koestler exemplarisch für die Figur des bolschewistischen Revolutionärs der ersten Stunde, für einen Bucharin, welchem 1936 der Schauprozess gemacht wurde. In einer beispiellosen Selbstverleugnung gesteht dieser schließlich seine Schuld ein, da sich die Partei als Vertreterin „der Geschichte" nicht irren könne. Merleau Ponty zitiert Rubaschow: „Die Geschichte kennt kein Schwanken und keine Rücksichten. Sie fließt, schwer und unbeirrbar, auf ihr Ziel zu. An jeder Krümmung lagert sie Schutt und Schlamm und die Leichen der Ertrunkenen ab. Aber – sie kennt ihren Weg. Die Geschichte irrt sich nicht."[38] Merleau-Ponty konfrontiert diese Aussage mit Marx' Polemik gegen Bruno Bauer „und Konsorten" in der Schrift *Die heilige Familie*, wo es heißt: „Es ist nicht etwa die ‚Geschichte', die den Menschen zum Mittel braucht, um ihre – als ob sie eine aparte Person wäre – Zwecke durchzuarbeiten, sondern sie ist nichts als die Tätigkeit des seine Zwecke verfolgenden Menschen."[39] Nun kann Merleau-Ponty mit einigem Recht

---

37 Maurice Merleau-Ponty: *Humanismus und Terror I* (1947). Frankfurt am Main, 1966. S.12.

38 Arthur Koestler: *Sonnenfinsternis* (1940). München, 1967. S.45. Vgl. Maurice Merleau-Ponty: *Humanismus und Terror I* (1947). Frankfurt am Main, 1966. S.60.

39 Karl Marx/Friedrich Engels zitiert nach Maurice Merleau-Ponty: *Humanismus und Terror I* (1947). Frankfurt am Main, 1966. S.60.

Marx gegen diese die Geschichte als aparte *Madame Histoire* hypostasierende Denkfigur ins Spiel bringen. Doch er wendet diese Polemik gegen Koestler ohne tatsächlich der Frage nachzugehen, ob im Marxismus-Leninismus als „Weltanschauung" diese Verkehrung von Marx nicht längst vorgenommen wurde. Schließlich war „die Geschichte" im Stalinismus diese aparte Person, die sakrosankt bleiben musste. Merleau-Pontys Süffisanz über Koestler und seinen „schlechten Marxismus" hätte also viel eher zu einer Kritik der (stalinistischen) Geschichtsphilosophie führen müssen, wie sie der Marxismus-Leninismus Lenins und Stalins vertrat. Die Stalinisten waren allerdings nicht nur schlechte Marxisten, sondern zu Liquidatoren jeglicher Perspektive auf Befreiung geworden. Es waren konterrevolutionäre Massenmörder, die dem Treiben der Gestapo in nichts nachstanden. Wie Merleau-Ponty – der das Antirevolutionäre in der konservativen Absicht, den „Sozialismus in einem Land" zu bewahren, nicht sieht – sind auch viele heutige Kommunisten nicht in der Lage, diesen Zusammenhang zu reflektieren, wenn sie über „revolutionäre Politik", „Revisionismus" und „Kampf gegen den Faschismus" diskutieren. Da wird dann stattdessen erklärt: „Dass Robert Steigerwald und ich jetzt das Alter von über 80 Jahren erleben können, verdanken wir der Roten Armee, die unter Führung des Generalissimus Josef Stalin den deutschen Faschismus besiegte. Hier darf die Emotion in die Argumentation eingehen!"[40] Sollte man dieses – im wahrsten Sinne des Wortes – Totschlagargument mit einer Aufzählung derjenigen kontern, die noch nicht einmal das Alter von achtundzwanzig Jahren erreichen konnten, weil sie als „Trotzkisten", „Oppositionelle" und damit – wie es der Stalinist Aragon *pars pro toto* 1937 formulierte – als „in Wahrheit (...) Fürsprecher Hitlers und der Gestapo"[41], von den Bluthunden des Generalissimus ermordet wurden? Soll hier Emotion auf Emotion antworten?

---

40 Hans Heinz Holz: ‚Die revisionistische Wende', in: *Junge Welt*. 13.12.2007. Ich habe seinerzeit – höchstwahrscheinlich vergeblich – versucht, in eine gruselige „Revisionismus-Debatte" in der *Jungen Welt* zu intervenieren, in der doch tatsächlich einige Stimmen immer noch den XX. Parteitag als Sündenfall des „Revisionismus" geißelten. Siehe: Gerhard Hanloser: ‚Vielerlei Abweichungen. Zum problematischen Begriff des Revisionismus', in: *Junge Welt*. 13.2.2008.

41 Louis Aragon zitiert nach Maurice Merleau-Ponty: *Humanismus und Terror I* (1947). Frankfurt am Main, 1966. S.73.

Vielleicht kann man auch schlicht mit dem klugen und gleichzeitig zur Apologetik neigenden Marxisten Merleau-Ponty sagen: „Selbst angenommen, ohne den Tod Bucharins wäre Stalingrad unmöglich gewesen: 1937 hätte niemand alle die Konsequenzen voraussehen könne, die unter dieser Hypothese vom einen zum anderen führen müssten, aus dem einfachen Grund, weil es keine Wissenschaft der Zukunft gibt."⁴²

Und weil es – wie Merleau-Ponty an dieser Stelle zurecht betont – „keine Wissenschaft der Zukunft" gibt, ist deswegen allem Aufschub, aller verordneten Pein und vor allem jeglicher propagandistischer Aufforderung, wonach andere etwas auf sich zu nehmen haben, damit „wir alle": der „Staat", die „Partei", das „gute Ganze", die „Revolution" usw. überleben können, eine deutliche Absage zu erteilen. Insofern bin ich jetzt in diesem Gedankenstrom doch wieder an einem Punkt angelangt, wo ich Michael Seidman in seiner Ablehnung der produktivistischen Agitation und Praxis zustimme.

PHILIPPE KELLERMANN: Kommen wir zum Abschluss zu einer, die Geschichte mit unserer Gegenwart verbindenden Frage. Michel Foucault hat 1977 erklärt: „Seit der russischen Revolution von 1917 und vielleicht sogar seit den großen revolutionären Bewegungen von 1848, das heißt seit sechzig oder, wenn Sie wollen, seit hundertzwanzig Jahren ist der heutige Tag, der 14.Oktober [1977], der erste, an dem man sagen kann, dass es auf der ganzen Welt keinen einzigen Punkt mehr gibt, von dem das Licht einer Hoffnung ausgehen könnte. Es gibt keine Orientierung mehr. Nicht einmal in der Sowjetunion, das versteht sich von selbst. Und auch nicht in den Satellitenstaaten. Das ist gleichfalls klar. Nicht in Kuba, nicht in der palästinensischen Revolution und offensichtlich auch nicht in China. Nicht in Vietnam und nicht in Kambodscha. Die Linke, das ganze Denken der europäischen Linken, das revolutionäre europäische Denken, das seine Bezugspunkte in der ganzen Welt hatte und sie auf ganz bestimmte Weise ausarbeitete, also ein Denken, das sich an Dingen orientierte, die außerhalb seiner selbst lagen, dieses Denken hat nun angesichts der Ereignisse der China zum ersten Mal die historischen Bezugspunkte verloren, die es bisher in anderen Teilen der

---

42 Maurice Merleau-Ponty: *Humanismus und Terror I* (1947). Frankfurt am Main, 1966. S.27.

Welt fand. (…) Mit einem Wort, wir müssen die bedeutende Tradition des Sozialismus grundlegend in Frage stellen, denn alles, was diese Tradition in der Geschichte hervorgebracht hat, ist zu verdammen."[43] Geht es uns heute ähnlich? Ist die gesamte Tradition des Sozialismus (Anarchismus mit inbegriffen) aufgrund ihrer Resultate zu verdammen?

GERHARD HANLOSER: 1977 war *das* Krisenjahr der „Neuen Linken", wie der instruktive Text von Jean-Claude Guilleband zeigt, in dem sehr bitter die Ergebnisse des Befreiungsnationalismus – von Lateinamerika über Vietnam, Palästina, Portugal bis China – bilanziert werden. „Pflanzt Euch vor eine Weltkarte und seht etwas genauer hin", so Guilleband: „Überall sind zunehmend die großen Ursachen verschwunden, die die Jugend des Okzidents in Bewegung brachten. Eins nach dem andern sind die flackernden Lichter erloschen – die(se) Illusionen –, die bei uns überzeugte Umzüge und bei Bedarf Barrikaden verursachten, von einer Gewissheit getragen: ‚Nanterre, Shanghai = derselbe Kampf!'"[44] Insgesamt waren die späten 1970er Jahre *die* Zeit des Anti-Marxismus. Nicht nur in Deutschland wollten sich etliche Spontis vom Marxismus lösen. In Frankreich verstiegen sich unter dem *label* „Neue Philosophen" dabei sogar manche – wie André Glucksmann und Bernard-Henri Lévy – in einen antimarxistischen Obskurantismus, wobei sie bis heute noch jeden Krieg im Namen der Menschenrechte zu rechtfertigen helfen. Der linksradikale Nietzscheaner Michel Foucault bemühte sich hingegen um die Ausformulierung einer subversiven Theorie als Werkzeugkasten, die nicht mehr einem großen System gehorche, sondern als Instrument und Strategie einer nicht näher bestimmte Bewegung zu dienen habe.[45] Die Werkzeuge von Foucault waren dann allerdings 1979 alles andere als genau justiert, als es um eine adäquate Einschätzung der islamistischen Revolution im Iran ging. Foucault war im September 1978 das erste

---

43 Michel Foucault: ‚Folter ist Vernunft' (1977), in: ders. *Schriften*. Band 3. Frankfurt am Main, 2003. S.505-514. Hier: S.513f.

44 Jean-Claude Guillebaud: ‚Von Prag bis Pnom Penh, die elternlosen Jahre' (1978), in: Wolfgang Dreßen (Hg.). *Sozialistisches Jahrbuch*. Tübingen, 1979. S.5-20. Hier: S.5.

45 Michel Foucault: ‚Macht und Strategie' (1977), in: Wolfgang Dreßen (Hg.). *Sozialistisches Jahrbuch*. Tübingen, 1979. S.54-63.

Mal in den Iran gegangen und berichtete von dort für die italienische Tageszeitung *Corriere de la sera*. Eine Klassenanalyse der Anti-Schah-Bewegung findet sich dabei in keinem seiner Artikel, stattdessen eine Menge anti-moderner Reflexe, Irrationalismen und die Begeisterung für die religiöse Seite des Aufstands. Hier zeigt sich der Preis einer unreflektierten Abkehr von Marx. Denn man muss es einigen orthodoxen ML-Gruppen immerhin zu Gute halten, dass ihr Marxismus und ihr hölzerner Versuch in Klassenkategorien zu denken, sie dazu führte, die Khomeini-Mullahs als kleinbürgerlich-terroristisch abzulehnen.

Der genauer argumentierende Marxist und Islam-Experte Maxime Rodinson legte sich in der *Le Monde* deshalb auch mit Foucault an. Was dem Iran blühe, sei keine Emanzipation, schrieb er, sondern ein „halbarchaischer Faschismus". Auch der Rätekommunist Serge Bricianer, der Studien zur politisierten Religion betrieb, kam zu dem Ergebnis, dass sich im Iran eine reaktionäre Massenbewegung um eine charismatische Führerfigur gruppiert habe.[46] Seine Klassenanalyse der Bewegung stellte die besondere Rolle der Lumpenproletarier und des religiösen Händler-Protestmilieus heraus. Das Augenmerk Bricianers und seine Sympathie galt dagegen einer durch und durch weltlichen Bewegung: den Klassenkämpfen und neuen Organisationsformen der Arbeiterinnen und Arbeiter, vor allem der Ölarbeiter, ohne die der Schah niemals hätte gestürzt werden können. Im Gegensatz zu den von Mullah-Agitatoren angeführten Straßendemonstrationen der Marginalisierten aus den Vorstädten, konnte der Großteil der Arbeiter mit den Mullahs herzlich wenig anfangen. Ihnen war es aber zu verdanken, dass in einem der längsten Generalstreiks der neueren Geschichte, die alte Herrschaft abdanken musste. Parallel bildete die iranische Arbeiterklasse Räte heraus, die sich bis 1981 halten konnten. Mit diesen Erscheinungen der revolutionären Periode im Iran – und nicht mit dem von Foucault gefeierten „Versuch, der Politik eine spirituelle Dimension zu verleihen"[47] – wurde an die großen Momente der sozialen Emanzipation der Moderne angeknüpft.

Moderner Humanismus war deshalb auch beim alten Existenziali-

---

46 Serge Bricianer: ‚Ein Funke in der Nacht. Islam und Revolution im Iran 1978-1979' (2002), in: *Die Aktion*. Heft 208 (2004). S.34-76.

47 Michel Foucault: ‚Wovon träumen die Iraner?' (1978), in: ders. *Schriften*. Band 3. Frankfurt am Main, 2003. S.862-870. Hier: S.869.

sten Sartre besser aufgehoben, der zur finanziellen Unterstützung des Aufbaus gewerkschaftlicher Organisationen aufrief, als bei den Volkskrieg verkündenden Irrationalisten. Aber Universalismus war Ende der 1970er, Anfang der 80er Jahre mega-out. Pikiert zitierte beispielsweise die Sponti-Zeitschrift *Autonomie* – die anfangs auch voller Euphorie für einen „Schiiten-Sozialismus" war –, einen iranischen Marxisten, der meinte, dass eine Frau auf einer Sexpartie immer noch ein Fortschritt sei gegenüber der Situation im Iran. Sexismus und westliches Denken würden sich in einer solchen Aussage offenbaren, so die *Autonomie*.[48] Man müsste die Beurteilung jedoch umdrehen und sagen: glücklicherweise bot der Marxismus – als Kind der Aufklärung – die Möglichkeit, dem antiaufklärerischen Tugendrigorismus des Islamismus eine Absage zu erteilen. Aber von „Fortschritt" und „Universalismus" wollten relevante Teile der radikalen Linken damals eben nichts mehr hören, wenngleich auch ein Foucault sich genötigt sah, zurückzurudern, nachdem er die Schreckensnachrichten aus dem Iran hörte (Übergriffe auf Frauen, Schleierzwang etc.). Und so orakelte er dunkel: „Meine theoretische Moral ist anti-strategisch. Sie respektiert das Besondere, das die Erhebung darstellt, und bleibt unnachgiebig, wenn die Macht das Universelle behindert."[49] Mit dieser Aussage scheint sich Foucault nicht zuletzt der Idee von Adorno anzunähern: das Besondere, oder eben das „Nicht-Identische" ist es, das zu retten ist. Allerdings sollte man dieses nicht nur auf die Erhebung beziehen, sondern allgemein auf menschliche Verhaltens- und Lebensweisen. Und das bedeutet im Falle des Iran: all diejenigen gilt es zu unterstützen, die sich dem Tugendterror nicht beugen wollen oder können. Dass Foucault „das Universelle" gerade aufgrund seiner iranischen Erfahrung auf einmal zu würdigen weiß, sollte seine postmodernen, relativistischen und kulturalistischen Anhänger stutzig machen. Zwar hat der Universalismus nach wie vor einen schlechten Leumund, ich halte ihn aber in seiner klassenkämpferisch-ausbeutungskritischen Variante für absolut notwendig. Marx sprach ja auch vom menschlichen Gattungswesen. Der Universalismus, den ich

---

48 Autonomie Neue Folge. Nr. 1 – Materialien gegen die Fabrikgesellschaft: *Der Iran*. Nummer 5 (1979). Hamburg. S.57.

49 Michel Foucault: ‚Nutzlos, sich zu erheben' (1979), in: *Schriften*. Band 3. Frankfurt am Main, 2003. S.992.

damit meine, ist kein westlich-imperialistischer, sondern ein Universalismus als Projekt einer universalen Menschheit. Zuletzt hat das in philosophisch unheimlich anregender Weise Susan Buck-Morss in ihrer Schrift *Hegel und Haiti* angerissen. Sie würdigt darin auch endlich den Sklavenaufstand in Haiti zur Zeit der französischen Revolution und urteilt: „Der reale und erfolgreiche Aufstand der Sklaven in der Karibik gegen ihre Herren war der Augenblick, in dem die dialektische Anerkennung als Thema der Weltgeschichte sichtbar wurde, als Moment in der Geschichte der universellen Verwirklichung der Freiheit."[50] Leider haben auch viele eurozentristische Marxisten die Bedeutung der Sklaverei im kapitalistischen Weltsystem, ihre Perpetuierung und die Aufstände gegen ihre Aufrechterhaltung lange missachtet. Tatsächlich müssen wir vor dem Hintergrund eines entfalteten Weltmarktes und einer universalen Dimension der verallgemeinerten „proletarischen Existenzsituation", wie es mein Freund Karl Reitter nennt[51], endlich alle Formen der Ausbeutung und Herrschaft – von absoluter Armut und neuer Sklaverei bis zu den scheinbar so kreativen, immateriellen, kognitiven oder wie auch immer gestalteten Arbeitsverhältnissen, die angeblich gar keine Arbeit mehr darstellen würden – in den Blick bekommen. Gleichzeitig zwingt uns auch das Projekt einer universalen Menschheit sämtliche Beschränkungen hinter uns zu lassen, auch die Beschränkungen im Namen der Befreiung, z.B. den Befreiungsnationalismus. Dort, wo die Religion eine radikalisierte Ideologie der partikularen Auserwähltheit verkörpert, muss dieser totalitäre Anspruch eindeutig zurückgewiesen werden. Sicherlich: Die Differenz gilt es zu achten und analytisch zu fassen: separate Unterdrückungsverhältnisse wie patriarchale Herrschaft und Rassismus müssen ständig mitberücksichtigt werden. Mal verknüpfen sie sich mit dem Kapitalismus, mal führen sie ein davon abgekoppeltes Eigenleben. Zugeschriebene Identitäten allerdings schlicht positiv umzucodieren, wenn auch mit revolutionärer Intention, hat dagegen keine Perspektive. Und bei aller Skepsis gegenüber Traditionalismus: ein Blick in die Geschichte kann durchaus gut tun. Von einem

---

50 Susan Buck-Morss: *Hegel und Haiti. Für eine neue Universalgeschichte.* Berlin, 2011. S.89.

51 Karl Reitter: *Marx, Spinoza und die Bedingungen eines freien Gemeinwesens. Prozesse der Befreiung.* Münster, 2011. S.117.

zu schnellen Verabschieden der modernen Klassenkampfideen halte ich dann doch nichts. Man lese nur Zeugnisse über die Klassenkampfpraxis der *Industrial Workers of the World* vom Anfang des 20. Jahrhunderts. Die *Wobblies* waren aufgrund ihrer multinationalen Zusammensetzung erstaunlich universalistisch, trugen das Globale ja bereits im Namen ihrer Gewerkschaft. Wenn dabei einzelne *Wobblies* sich religiös artikulierten, waren dies religionssoziologisch zu erklärende Praktiken, um eine „moralische Gemeinschaft" (Émile Durkheim) zu stiften, und dadurch den gemeinsamen Kampf gegen die Unterdrücker zu befördern, es hatte aber nichts Sektiererisches. Ähnliches ereignet sich heutzutage in Kämpfen beispielsweise im südlichen Afrika.

Der alte Traum von der Emanzipation ist wieder ein hoch aktueller: die globale Menschheit wird sich in einem revolutionären Prozess der kollektiven und globalen Kommunisierung – im guten alten Hegelschen Sinne – aufheben müssen. Aber ein solches Unterfangen stellt für uns Metropolenbewohner, um auf einen etwas abgenutzten Begriff zurückzugreifen, immer noch die schwierigste Aufgabe dar.

PHILIPPE KELLERMANN: **Dann bleibt mir nur noch dir für dieses anregende Gespräch vielmals zu danken.**

Vereinfachte Emanzipationskonzepte der Vergangenheit hinter sich lassen

Joachim Hirsch über die Pluralität des Marxismus, die Bedeutung der Marxschen Staatstheorie und die Notwendigkeit zur Transformation der Zivilgesellschaft „von unten"

Joachim Hirsch

Jahrgang 1938, war bis zu seiner Emeritierung 2003 Professor für Politikwissenschaft an der Johann Wolfgang Goethe Universität in Frankfurt am Main und beschäftigt sich seit langer Zeit mit staatstheoretischen Fragestellungen. Im Spannungsfeld der Arbeiten von Nicos Poulantzas, Antonio Gramsci und Karl Marx erarbeitete er sein Konzept des „Radikalen Reformismus", das sich sowohl gegen elitär-leninistische als auch sozialdemokratisch-reformistische Konzepte richtet. Hirsch ist Mitglied bei „medico international" und in der Redaktion des Internetportals „links-netz.de". Seine letzte größere Monographie ist das Buch Materialistische Staatstheorie. Transformationsprozesse des kapitalistischen Staatensystems (Hamburg 2005).

PHILIPPE KELLERMANN: Im Vorfeld dieses Interviews meintest du, dass du dich nicht als Marxisten definieren würdest. Betrachtet man dein Buch *Materialistische Staatstheorie* wird dort immer wieder auf Marx positiv Bezug und als Ausgangspunkt deiner eigenen staatstheoretischen Überlegungen genommen. Mir fiel nach den über 200 Seiten nichts auf, was darauf schließen könnte, dass du dich nicht als Marxisten verstehst. Welche Rolle spielt Marx für dein Denken und was unterscheidet deinen Umgang mit Marx von dem jener, die man gemeinhin als „MarxistInnen" bezeichnet?

JOACHIM HIRSCH: Marx selbst soll einmal gesagt haben, er sei kein Marxist. In diesem Sinne ist das auch bei mir zu verstehen. Natürlich beziehe ich mich stark auf die Marxsche Theorie. Genau genommen stellt sie meinen zentralen theoretischen Bezugspunkt dar. Unter „Marxismus" wird indessen recht Unterschiedliches verstanden. Z.B. liegen zwischen dem dogmatischen Marxismus-Leninismus und dem sogenannten „westlichen Marxismus" (Gramsci, Althusser, Poulantzas u.v.a.) Welten. Ich verstehe mich in der Weise nicht als „Marxist", als ich davon ausgehe, dass mit der Marxschen Theorie nicht alles erklärt werden kann und durchaus auch andere theoretische Ansätze bedeutungsvoll sind. Im Bereich der Staatstheorie z.B. Max Weber oder Michel Foucault. Und selbst die Systemtheorie à la Luhmann ist in diesem Zusammenhang nicht unwichtig.

PHILIPPE KELLERMANN: Was du hier in Abgrenzung gegenüber einem traditionell-dogmatischen Marxismus anführst, hast du ja ähnlich in *Materialistische Staatstheorie* zum Thema gemacht, wo du davon sprichst, dass die „[m]aterialistische Staatstheorie (...) nicht nur kein abgeschlossenes Theoriegebäude" sei, sondern sich auch „in der Auseinandersetzung mit anderen, nicht ‚marxistischen' theoretischen Ansätzen und wissenschaftlichen Strömungen" entwickle – wobei diese Ansätze zum Teil „wichtige Anregungen" gegeben hätten.[1] Sowohl bei deiner Antwort als auch in deinem Buch hat es mich überrascht, dass dort die anarchistische Theorie nicht nur in diesem Zusammenhang nicht erwähnt

---

1 Joachim Hirsch: *Materialistische Staatstheorie. Transformationsprozesse des kapitalistischen Staatensystems*. Hamburg, 2005. S.18.

wird. Überrascht, weil doch die Frage des Staates eines der zentralen Themen der historischen Auseinandersetzung zwischen Marx/Engels und den zeitgenössischen AnarchistInnen gewesen ist. Hältst du es aus der Perspektive einer materialistischen Staatstheorie nicht von Interesse sich mit dem Anarchismus auseinanderzusetzen? Oder erklärt sich diese Abwesenheit des Anarchismus durch den Umstand, dass es in marxistischen Kreisen – auch, vielleicht gerade (?) der Tradition des „westlichen Marxismus" – als von vornherein nicht sonderlich gewinnbringend galt, sich mit dem Anarchismus zu beschäftigen?

JOACHIM HIRSCH: Du hast mit deinen Vermutungen wohl Recht. In der Tat gibt es heutzutage kaum noch eine Auseinandersetzung marxistischer TheoretikerInnen mit dem Anarchismus. Die Ursache dafür zu finden, wäre eine eigene Sache. Und weil ich in meinem Buch *Materialistische Staatstheorie* nicht in die Theoriegeschichte einsteigen wollte (was auch für die marxistische Tradition gilt), habe ich mich nicht darauf bezogen. Meinem Eindruck nach ist es allerdings so, dass von Seiten der anarchistischen Theorie zur Zeit wenig Beiträge z.B. über aktuelle Strukturveränderungen der Staaten und des Staatensystems zu finden sind. In der Tat teile ich wesentliche Momente der anarchistischen Staatskritik und wende diese ja auch gegen die diversen Varianten des Staatsmarxismus. Hier wäre vielleicht zumindest ein Hinweis auf den Anarchismus angebracht gewesen. Zur Erklärung muss ich allerdings sagen, dass ich mit dem Kampf und der gegenseitigen Abgrenzung der Schulen recht wenig am Hut habe und mich bei den theoretischen Ansätzen „bediene", die ich im Augenblick besonders relevant und weiterführend finde.

PHILIPPE KELLERMANN: Du erwähnst auf der einen Seite eine anarchistische Staatskritik, deren „wesentliche Momente" du teilst und auf der anderen Seite „diverse Varianten des Staatsmarxismus" gegenüber denen du dich kritisch positionierst. Wie würdest du Marx selbst in diesem Koordinatensystem verorten? In einer nun schon etwas älteren Rezension von Holloways *Die Welt erobern ohne die Macht zu übernehmen*, hast du kritisch angemerkt, dass bei Holloway Marx von jeder Kritik ausgenommen und auf die in dessen Werk „enthaltenen Problematiken und Widersprüche" nicht eingegangen werde.² Betreffen diese Problematiken und Widersprüche auch die Staatsfrage? In *Materialistische Staatstheorie* finde ich nur folgenden vagen Hinweis: „In seinem [Marx'] Werk finden sich eher sporadische, manchmal zeitbezogene und gelegentlich auch etwas missverständliche oder zumindest missverstandene Ausführungen zu diesem Thema [dem Staat]."³ Könntest du das erläutern?

JOACHIM HIRSCH: In der Tat hat Marx sehr wenige Ausführungen zur Staatstheorie gemacht. Sein geplantes Buch zum Staat hat er bekanntlich nicht mehr schreiben können. Immerhin hat er in der zusammen mit Engels geschriebenen *Deutschen Ideologie* bereits angedeutet, worin ein Kern der materialistischen Staatstheorie liegt. Sie haben dort geschrieben, dass unter den Bedingungen der kapitalistischen Vergesellschaftung das gesellschaftlich Allgemeine die Form einer besonderen, den Menschen fremd gegenüberstehenden Instanz erhält.⁴ Dem gegenüber steht die Äußerung, der Staat sei nichts anderes als der gemeinsame Ausschuss der Bourgeoisie⁵, was klar im Widerspruch dazu steht. Wichtige Ausführungen zum Staat finden sich bei Marx auch in der Schrift über die Pariser Kommune⁶ oder über den Staatsstreich Louis Bonapartes⁷. Hier kommt eine durchaus elaborierte Staatstheorie zum Ausdruck, die aber wohl aus dem genannten Grund nicht in eine allgemeinere theoretische Form gebracht worden ist. Jedenfalls ist es so,

---

2 Joachim Hirsch: ‚Macht und Anti-Macht. Zu John Holloways Buch *Die Welt verändern, ohne die Macht zu übernehmen*', in: *Das Argument*. Nummer 249 (2003). S.34-40. Hier: S.35.

3 Joachim Hirsch: *Materialistische Staatstheorie. Transformationsprozesse des kapitalistischen Staatensystems*. Hamburg, 2005. S.15.

4 Karl Marx/Friedrich Engels: ‚Die deutsche Ideologie' (1845/46), in: *MEW*. Band 3. Berlin, 1990. S.9-530. Hier: S.33.

5 Karl Marx/Friedrich Engels: ‚Manifest der Kommunistischen Partei' (1848), in: *MEW*. Band 4. Berlin, 1964. S.459-493. Hier: S.464.

6 Karl Marx: ‚Der Bürgerkrieg in Frankreich' (1871), in: *MEW*. Band 17. Berlin, 1971. S.313- 365.

7 Karl Marx: ‚Der achtzehnte Brumaire des Louis Bonaparte' (1852), in: *MEW*. Band 8. Berlin, 1960. S.111-207.

dass der Hinweis auf die „Besonderung" des Staates gegenüber der Gesellschaft, also auch gegenüber allen Klassen einschließlich der kapitalistischen eine wichtige Grundlage dessen ist, was sehr viel später im Rahmen der so genannten Staatsableitungsdebatte weiter ausgearbeitet worden ist. Marx' Kritik der politischen Ökonomie, d.h. die Analyse der kapitalistischen Vergesellschaftungsweise, der in ihr zum Ausdruck kommenden sozialen Formbestimmungen (Wertform und daran anschließend die politische Form) und der diesen innewohnenden Widersprüche stellt damit eine wesentliche Grundlage jeder kritisch-materialistischen Staatstheorie dar.

PHILIPPE KELLERMANN: Auch in *Materialistische Staatstheorie* schreibst du, dass Marx nicht mehr „dazu gekommen" sei, „sich systematisch mit dem Staat, oder genauer gesagt: der *politischen Form* der bürgerlichen Gesellschaft zu befassen"[8]. Deine Ausführungen machen dabei auf mich den Eindruck, dass Marx – hätte er sich näher mit dem Staat befasst – zu, der „materialistischen Staatstheorie" entsprechenden Ergebnissen gekommen wäre. Als eine der zentralen Einsichten dieser wird, durch historische Betrachtungen ergänzt, von dir angeführt: „Sowohl die staatstheoretischen Überlegungen als auch die historischen Erfahrungen beweisen die Untauglichkeit des Versuchs, die Gesellschaft in ihren Grundstrukturen mittels staatlicher Macht verändern zu wollen."[9] Ist es nun nicht erstaunlich, dass Marx in der Auseinandersetzung mit dem Anarchismus in der Ersten Internationale gerade jene Position eingenommen hat, die in sehr deutlichem Widerspruch zu den Ergebnissen „deiner" Staatstheorie stehen. Beispielhaft, wenn Marx direkt gegen den Anarchismus gerichtet erklärt: „Wenn der politische Kampf der Arbeiterklasse gewaltsame Formen annimmt, wenn die Arbeiter an Stelle der Diktatur der Bourgeoisie ihre revolutionäre Diktatur setzen, dann begehen sie [nach den Anarchisten] das schreckliche Verbrechen der Prinzipienverletzung, weil sie um der Befriedigung ihrer kläglichen profanen Tagesbedürfnisse willen, um der Brechung des Widerstandes der Bour-

---

8 Joachim Hirsch: *Materialistische Staatstheorie. Transformationsprozesse des kapitalistischen Staatensystems.* Hamburg, 2005. S.15.

9 Joachim Hirsch: *Materialistische Staatstheorie. Transformationsprozesse des kapitalistischen Staatensystems.* Hamburg, 2005. S.229.

geoisie willen, dem Staate eine revolutionäre und vorübergehende Form geben, statt die Waffen niederzulegen und den Staat abzuschaffen."[10] Nun ist die Vorstellung, dass man dem Staat „eine revolutionäre und vorübergehende *Form* geben" könne (Hervorhebung von mir) doch recht weit von jener formanalytischen Einsicht entfernt, welche du mit dem Marxschen Denken in Zusammenhang bringst. Stimmst du mir zu, dass wir es hier mit einem deutlich erkennbaren Widerspruch zu tun haben? Wenn ja, wie lässt sich dieser erklären?

JOACHIM HIRSCH: Es ist natürlich müßig, darüber zu diskutieren, was Marx geschrieben hätte, wenn er zu dem Buch über den Staat gekommen wäre. Immerhin lassen sich aber auf der Basis seiner Kritik der politischen Ökonomie die Grundzüge einer materialistischen Staatstheorie entwickeln. Darin ist auch enthalten, dass der kapitalistische Staat als Ausdruck und Bestandteil des kapitalistischen Produktionsverhältnisses nicht als ein Instrument dienen kann, um die Gesellschaft in ihren Grundstrukturen zu verändern. Die Äußerung von Marx, dass die Arbeiterklasse dem Staat eine andere Form geben, die Diktatur der Bourgeoisie durch eine revolutionäre Diktatur ersetzen müsse, steht dazu zunächst einmal im Widerspruch. Die Problematik dieser Bemerkung wird auch historisch mit dem Blick auf die – in diesem Sinne gescheiterte – Russische Revolution deutlich. Allerdings handelt es sich hier wieder einmal um eine aktualitätsbezogene und in einer konkreten politischen Auseinandersetzung geäußerte Stellungnahme von Marx. Dabei wird nicht klar, was genau jeweils unter „Staat" zu verstehen ist. Man kann annehmen, dass er davon ausging, dass der „revolutionäre Staat" auf der Basis bereits veränderter Produktionsverhältnisse entstehen müsse und daher nicht mehr die Form des bürgerlichen Staates habe. Einen Hinweis dazu findet sich in der Schrift über die Pariser Kommune, wo etwas deutlicher gemacht wird, was unter einem revolutionären Staat zu verstehen sei. Jedenfalls wohl kaum die Diktatur einer Avantgardepartei. Da besteht ein deutlicher Unterschied zu Lenin. Allerdings bleibt Marx einen Hinweis dazu schuldig, wie nun genau dieser revolutionäre Prozess aussehen müsste, wie also der Übergang von einem

---

10 Karl Marx: ‚Der politische Indifferentismus' (1873), in: *MEW*. Band 18. Berlin, 1964. S.299-304. Hier: S.300.

bürgerlichen zu einem revolutionären Staat zu verstehen sei. Man kann dies auf jeden Fall nicht als eine Art von Staatsstreich auffassen. Es geht vielmehr um die Frage, wie das Verhältnis von Kämpfen innerhalb und gegen den kapitalistischen Staat aussehen müsste, wie es also möglich ist, die bürgerliche politische Form zu überwinden. Daran ist im Übrigen in der Marxschen Tradition durchaus weitergearbeitet worden, man denke beispielsweise nur an die Arbeiten von Antonio Gramsci und Nicos Poulantzas. Ich selbst habe versucht, mich dieser Problematik mit dem Begriff des „radikalen Reformismus" zu stellen.

PHILIPPE KELLERMANN: Ich möchte deine Erläuterung zur Pariser Kommune aufgreifen und darauf hinzuweisen, dass Bakunin die Kommuneschrift von Marx seinerzeit als taktisch motiviert interpretierte. Karl Korsch gab Bakunin rückblickend recht und erklärte: „Tatsächlich lässt sich bei einer einigermaßen genauen Analyse der politischen Programme und Zielsetzungen, die von (...) Marx und Engels, sowohl in der Zeit vor dem Pariser Kommuneaufstand als auch nachher aufgestellt worden sind, die Behauptung, dass die von der Pariser Kommune 1871 verwirklichte Form der proletarischen Diktatur mit jenen politischen Theorien in irgendeinem Sinne in Einklang stände, nicht aufrechterhalten. Vielmehr hatte in diesem Punkt zweifellos Marxens großer Gegenspieler in der Ersten Internationale, Michael Bakunin, die historische Wahrheit auf seiner Seite, wenn er über die nachträgliche Annektierung der Pariser Kommune durch den Marxismus spottend sagte: ‚Der Eindruck des kommunistischen Aufstandes war so gewaltig, dass selbst *die Marxisten*, deren Ideen alle durch diesen Aufstand über den Haufen geworfen waren, sich gezwungen sahen, vor ihm den Hut abzuziehen: Sie taten noch mehr, *im Widerspruch mit aller Logik und mit all ihren eigensten Gefühlen machten sie das Programm der Kommune und ihr Ziel zu dem ihrigen.*' [Bakunin]"[11] Erstaunlicherweise haben Marx und Engels nun aber dem „Enthaltungs-Anarchismus" mit seiner Position, wonach *„jede Organisation einer angeblich provisorischen und revolutionären politischen Macht zum Zwecke der Bewerkstelligung jener Vernichtung [jeder politischen Macht] nur eine neue Täuschung sein kann* und

---

11 Karl Korsch: ‚Revolutionäre Kommune' (1931), in: ders. *Schriften zur Sozialisierung*. Frankfurt am Main, 1969. S.100-108. Hier: S.102f.

für das Proletariat ebenso gefährlich sein muss, *wie* alle heute existierenden Regierungen", unterstellt, dieser formuliere damit „eine direkte Verurteilung der Pariser Kommune"[12]. Vor diesem Hintergrund – und bevor wir dann auf das von dir angesprochene Konzept des „radikalen Reformismus" zu sprechen kommen – die Frage: Welchen Stellenwert hat deiner Meinung nach die Kommuneschrift im Marxschen Werk?

JOACHIM HIRSCH: Eine ganz zentrale. Sie gehört, neben der Analyse des napoleonischen Staatsstreichs, meiner Ansicht nach zu den wichtigsten politischen Schriften von Marx. Wie schon eingangs gesagt, interessiert mich der Kampf der Schulen dabei nicht besonders. Da ich weder Marx-Philologe noch treuer Marx-Anhänger bin, geht es mir also auch nicht um die Frage, ob die Kommune-Schrift ein opportunistisches Machwerk ist, wie du annimmst. Und auch nicht um die Frage, inwieweit die Kommune sich tatsächlich als Beleg für anarchistische Theorien eignet. Der Inhalt der Schrift ist für sich bedeutungsvoll. Im Übrigen bin ich aus den bereits ausgeführten Überlegungen im Zweifel, ob die Würdigung der Pariser Kommune durch Marx wirklich in Widerspruch zu seinen theoretischen Äußerungen steht. Es gibt eben, neben einigen gelegentlichen und manchmal polemisch zugespitzten Äußerungen nicht „die" Staatstheorie von Marx, die man als Maßstab heranziehen könnte. Die Bedeutung der Kommuneschrift lässt sich auch daran erkennen, dass sie im Rahmen des sogenannten „westlichen", undogmatischen und offenen Marxismus immer eine wichtige Rolle gespielt hat. Selbst wenn das bedeutete, dass Marx gegen Marx gelesen wurde: warum auch nicht?

PHILIPPE KELLERMANN: Unbestritten hat die Kommune-Schrift in der Geschichte (nicht nur) des westlichen Marxismus eine wichtige Rolle gespielt und wenn sie für manche ein anti-etatistischer Wegweiser gewesen ist, finde ich dies erst einmal begrüßenswert. Problematisch hingegen finde ich, dass oft jene MarxistInnen – so mein Eindruck –, die sich mit Hilfe der Kommune-Schrift auf einen „libertären" Marx berufen zu können meinen, auf der anderen Seite keinerlei Auseinandersetzung mit dem Anarchismus führen, diesen vielmehr gerade mit dem Hinweis

---

12 Karl Marx/Friedrich Engels: ‚Ein Komplott gegen die Internationale Arbeiter-Assoziation' (1873), in: *MEW*. Band 18. Berlin, 1964. S. 327-471. Hier: S.390.

ignorieren (oder zu einem theoretischen Popanz stilisieren), dass Marx seit jeher der „bessere" Anarchist gewesen sei.[13] Diese Fokussierung auf Marx führte dann dazu, dass heutzutage nahezu jedeR Interessierte die Marxsche Kommuneschrift kennt, aber kaum jemand die strategischen Ausführungen Bakunins (oder organisatorischen Proudhons), welche dieser *vor* der Pariser Kommune skizziert hat und dieser sehr viel ähnlicher sind,[14] als es die strategischen Positionen von Marx und Engels zu jener Zeit waren. Es ist deswegen auch durchaus bizarr, wenn Lenin in *Staat und Revolution* mit Blick auf das Vorbild der Pariser Kommune behauptet, „dass das Proletariat nach Eroberung der politischen Macht die Staatsmaschinerie völlig zerstört, um sie durch eine neue – die nach dem Typus der Kommune gebildete Organisation der bewaffneten Arbeiter – zu ersetzen" habe, während „die Anarchisten, die auf die Zerstörung der Staatsmaschinerie schwören, (…) sich ganz unklar" vor-

---

13 Exemplarisch findet sich diese Position beispielsweise bei Maximilien Rubel: ‚Marx als Theoretiker des Anarchismus' (1983), in: *Die Aktion*. Heft 152/156 (1996). S.69-99.

14 Bakunin schrieb z.B. im April 1870, also knapp ein Jahr vor der Pariser Kommune: „Zunächst ist durchaus nicht bewiesen, dass die revolutionäre Bewegung absolut in Paris beginnen muss. Es ist gar nicht unwahrscheinlich, dass sie in der Provinz beginnt. Aber nehmen wir an, dass der Tradition entsprechend Paris beginnt. Nach unserer Überzeugung hat Paris nur eine ganz negative, das heißt offen revolutionäre Initiative zu nehmen, die zur Zerstörung und Liquidation, nicht die zur Organisation. Wenn Paris sich erhebt und siegt, hat es die Pflicht und das Recht, die vollständige Liquidation des politischen, juridischen, finanziellen und administrativen Staates zu proklamieren, den öffentlichen und privaten Bankerott, die Auflösung aller Mächte, Funktionen und Gewalten des Staates, die Verbrennung oder Freudenfeuer aller Papiere, privater und öffentlicher Dokumente vorzunehmen. – Paris wird sich natürlich beeilen, sich selbst, so gut es geht, revolutionär zu organisieren, nachdem die in Assoziationen vereinigten Arbeiter die Hand auf alle Arbeitswerkzeuge, jede Art von Kapital und die Gebäude gelegt und bewaffnet und nach Straßen und Vierteln organisiert blieben. Sie werden die revolutionäre Föderation aller Viertel, die föderative Kommune bilden. Und diese Kommune wird das Recht haben zu erklären, dass sie sich nicht das Recht anmaßt, Frankreich zu regieren oder zu organisieren, sondern dass sie an das Volk und alle Gemeinden Frankreichs und dessen, was man bis dahin das Ausland nannte, appelliert, ihrem Beispiel zu folgen und bei sich selbst eine ebenso radikale, staatszerstörende, das juridische Recht und das privilegierte Eigentum zerstörende Revolution zu machen und sich hierauf zu föderieren." Michael Bakunin: ‚An Albert Richard' (1.April 1870), in: ders. *Staatlichkeit und Anarchie und andere Schrift*en. Frankfurt am Main/Berlin/Wien, 1972. S.742-746. Hier: S.743f.

stellen würden, „*was* das Proletariat an ihre Stelle setzen und *wie* es die revolutionäre Macht gebrauchen wird".[15] Aus anarchistischer Perspektive könnte man dagegen Poulantzas' Kritik an Foucault in seiner *Staatstheorie* paraphrasieren: „Einige von uns haben nicht auf Marx gewartet, um eine Vorstellung der Staatsüberwindung zu formulieren, die in einigen Punkten mit seinen heutigen Analysen in der Kommune-Schrift übereinstimmen, worüber man sich nur freuen kann."[16] Und mir scheint es ein wichtiger Aspekt einer Erarbeitung eines kollektiven linken Gedächtnisses zu sein, all dies zu reflektieren und zum Thema zu machen. Ich möchte nun aber doch noch eine Frage zur Staatstheorie stellen. In der schon erwähnten Holloway-Rezension meinst du – wenn ich es richtig interpretiere – Holloway zustimmend, dass der Staat „nicht der Sitz von Macht" sei, „sondern Ausdruck der die kapitalistische Gesellschaft kennzeichnenden Trennungen".[17] Angedeutet ist damit wohl, dass der Staat vom Kapital abhängig ist, was du im Zusammenhang mit der Rolle des Staates als „Steuerstaat" auch diskutierst. Nun haben ja Marx und Engels dem Anarchismus immer wieder vorgeworfen, dem Staat eine „*Allmacht*" zu unterstellen[18], die dieser nicht habe. Beispielhaft meinte Engels, dass es die „Hauptsache" in der Theorie Bakunins sei, „dass er nicht das Kapital, d.h. den durch die gesellschaftliche Entwicklung entstandenen Klassengegensatz von Kapitalisten und Lohnarbeitern für das zu beseitigende Hauptübel ansieht, sondern den *Staat*. Während die große Masse der sozialdemokratischen Arbeiter mit uns der Ansicht sind, dass die Staatsmacht weiter nichts ist als die Organisation, welche sich die herrschenden Klassen – Grundbesitzer und Kapitalisten – gege-

---

15 W.I. Lenin: ‚Staat und Revolution' (1917), in: ders. *Ausgewählte Werke in zwei Bänden.* Band 2. Moskau, 1947. S.158-253. Hier: S.246f.

16 „Einige von uns haben nicht auf Foucault gewartet, um Analysen der Macht vorzulegen, die in einigen Punkten mit seinen heutigen Analysen übereinstimmen, worüber man sich nur freuen kann." Nicos Poulantzas: *Staatstheorie. Politischer Überbau, Ideologie, Autoritärer Etatismus* (1977). Hamburg, 2002. S.177.

17 Joachim Hirsch: ‚Macht und Anti-Macht. Zu John Holloways Buch *Die Welt verändern, ohne die Macht zu übernehmen*', in: *Das Argument*. Nummer 249 (2003). S.34-40. Hier: S.35

18 Karl Marx/Friedrich Engels: ‚Die deutsche Ideologie' (1845/46), in: *MEW*. Band 3. Berlin, 1990. S.9-530. Hier: S.341.

ben haben, um ihre gesellschaftlichen Vorrechte zu schützen, behauptet Bakunin, der *Staat* habe das Kapital geschaffen, der Kapitalist habe sein Kapital *bloß von der Gnade des Staats*. Da also der Staat das Hauptübel sei, so müsse man vor allem den Staat abschaffen, dann gehe das Kapital von selbst zum Teufel; während wir umgekehrt sagen: schafft das Kapital, die Aneignung der gesamten Produktionsmittel in den Händen weniger ab, so fällt der Staat von selbst. Der Unterschied ist wesentlich: die Abschaffung des Staats ist ohne vorherige soziale Umwälzung ein Unsinn – die Abschaffung des Kapitals *ist* eben die soziale Umwälzung und schließt eine Veränderung der gesamten Produktionsweise in sich."[19] Inwieweit diese Polemik zutrifft, kann hier dahingestellt bleiben.[20] Wichtig scheint mir die Frage, inwiefern der Anarchismus die Eigendynamik des Staates – und damit auch die relative Autonomie des Staates gegenüber dem Kapital – hellsichtiger als die marxistische Theorie gesehen hat. So meinte Rudolf Rocker mit Blick auf die bolschewistische Usurpation der Russischen Revolution: „Es gehört wirklich eine Logik ganz besonderer Art dazu, um die Behauptung aufzustellen, dass der Staat solange notwendig ist, bis man die Klassen beseitigt hätte. Als ob der Staat nicht stets der Schöpfer neuer Klassen gewesen wäre, ja seinem ganzen inneren Wesen nach die Verewigung der Klassenunterschiede geradezu verkörpert. Diese unumstößliche Wahrheit, die im Verlauf der Geschichte immer wieder ihre Bestätigung gefunden hat, ist durch das bolschewistische Experiment erst jetzt wieder in einer Weise in Erfüllung gegangen, dass man mit unheilbarer Blindheit geschlagen sein muss, um die ungeheure Bedeutung dieser neuesten Lehre zu verkennen. (...) Der Machtapparat des Staates ist nur imstande, neue Privilegien zu schaffen und alte zu beschützen."[21] Ich fand es auffällig, dass

---

19 Friedrich Engels: ‚An Theodor Cuno' (24.Januar 1872), in: *MEW*. Band 33. Berlin, 1966. S.387-393. Hier: S.388.

20 Bakunin hat jedenfalls selbst betont, dass das „Geheimnis der Revolution" darin besteht, dass man „besonders und vor allem das Eigentum" zerstört, „und sein unvermeidliches Korollär – den *Staat*". Michael Bakunin: ‚Programm und Reglement der Geheimorganisation der internationalen Bruderschaft und der internationalen Allianz der sozialistischen Demokratie' (1868), in: ders. *Staatlichkeit und Anarchie und andere Schriften*. Frankfurt am Main/Berlin/Wien, 1972. S.72-94. Hier: S.86.

21 Rudolf Rocker: *Der Bankerott des russischen Staatskommunismus* (1921). Berlin, 1968. S.110.

du dich in *Materialistische Staatstheorie* überhaupt nicht mit der Rolle des Staates im „staatssozialistischen Lager[.]"[22] beschäftigst. Wie würdest du nun, von „deiner" materialistischen Staatstheorie ausgehend, Rolle und Bedeutung des Staates im „Staatssozialismus" bestimmen?

JOACHIM HIRSCH: Angesichts deiner langen Ausführungen muss ich noch einmal betonen, dass ich die Auseinandersetzungen zwischen MarxistInnen und AnarchistInnen nicht übermäßig interessant finde, weil ich mich weder dem einen noch dem anderen „Lager" zurechne. Die Antwort auf deine Frage ist einfach: der Marxschen Kritik der politischen Ökonomie und seiner Analyse der sozialen Formen folgend muss der kapitalistische Staat als integraler Bestandteil des kapitaltischen Produktionsverhältnisses angesehen werden. Er ist also nicht nur „abhängig" vom Kapital – was bedeuten würde, dass er auch von anderen Kräften benutzt werden könnte –, sondern eben Teil des Kapitalverhältnisses selbst. Das bedeutet, ganz verkürzt gesagt, dass es unmöglich ist, die gesellschaftlichen Verhältnisse mittels des Staates grundsätzlich zu verändern. Das wurde in der Russischen Revolution versucht und darin liegt ein wesentlicher Grund für ihr Scheitern. Das Resultat war in der Tat die Schaffung einer neuen Klassengesellschaft und eines neuen Unterdrückungsapparats. Mit den Vorstellungen von Marx über eine kommunistische Gesellschaft und des Weges dahin hatte der Staatssozialismus, soweit ich das sehe, kaum etwas gemein.

PHILIPPE KELLERMANN: Vor der nächsten Frage möchte ich grundsätzlich betonen, dass es mir nicht darum geht, dass ich von dir eine Einordnung oder ein Bekenntnis zu einem der hier im Zentrum stehenden „Lager" erwarte. Worum es mir geht und was mir wichtig erscheint, ist es – dies ist ja letztlich der Grund für diesen Interviewband – grundsätzliche Frage- und Problemstellungen der sozialistischen Bewegung insgesamt historisch zu kontextualisieren, um davon ausgehend vielleicht ein fundiertes, d.h. historisch reflektiertes Niveau für gegenwärtige Fragestellungen zu entwickeln. Deshalb auch meine manchmal möglicherweise etwas längeren Ausführungen, deren Ziel nicht Prahlerei mit historischem

---

22 Joachim Hirsch: *Materialistische Staatstheorie. Transformationsprozesse des kapitalistischen Staatensystems.* Hamburg, 2005. S.203.

Wissen ist, sondern der Vergegenwärtigung jener Grundproblematiken dienen soll, welche ich eben vor allem in der Auseinandersetzung zwischen Marx/Engels und den AnarchistInnen in der Ersten Internationale vorzufinden glaube. In diesem Sinn nun meine nächste Frage: Eine der grundlegenden politischen Interventionen von Marx war die Vorstellung, dass „die Konstituierung der Arbeiterklasse als politische Partei unerlässlich" sei „für den Triumph der sozialen Revolution"[23], weil „das Proletariat nur dann als Klasse handeln" könne, „wenn es sich selbst als besondere politische Partei im Gegensatz zu allen alten, von den besitzenden Klassen gebildeten Parteien konstituiert"[24]. Gegen diese Position haben (seinerzeit und seitdem) die AnarchistInnen vehement Einspruch erhoben, da sich mit der Bildung einer politischen Partei – als Organisations*form* der Bourgeoisie – das Proletariat direkt in das bürgerliche System integriere und dort, wo diese Partei des Proletariats Erfolge haben mag, es nur zu „Volksvertretern" kommen könne, die, „an die Regierung gelangt, aufhören, Arbeiter zu sein und vielmehr auf die ganze Welt der einfachen Arbeiter von der Höhe des Staats herabzusehen beginnen"[25]. In *Materialistische Staatstheorie* schreibst du: „Im politischen Prozess – durch die Parteien und das Repräsentativsystem – werden nicht Klassenangehörige und -lagen organisiert, sondern isolierte StaatsbürgerInnen. (...) Dass es mittels des Staatsapparats möglich wird, die herrschenden Klassen zu organisieren und zugleich zu verhindern, dass sich die ausgebeuteten und beherrschten Klassen als Klassen politisch formieren, ist eine grundlegende Bestandbedingung des kapitalistischen Systems."[26]

Heißt das, dass die Parteibildung deiner Meinung nach grundsätzlich abzulehnen ist und die Hoffnung auf „eine ganz andere ‚politische Pra-

---

23 Karl Marx/Friedrich Engels: ‚Beschlüsse der Delegiertenkonferenz der Internationalen Arbeiterassoziation, abgehalten zu London vom 17. bis 23.September 1871', in: *MEW*. Band 17. Berlin, 1971. S.418-426. Hier: S.422.

24 Karl Marx/Friedrich Engels: ‚Resolutionen des allgemeinen Kongresses zu Haag vom 2. bis. 7.September 1872', in: *MEW*. Band 18. Berlin, 1964. S.149-158. Hier: S.149.

25 Michael Bakunin: *Staatlichkeit und Anarchie* (1873). Berlin, 2007. S.338.

26 Joachim Hirsch: *Materialistische Staatstheorie. Transformationsprozesse des kapitalistischen Staatensystems.* Hamburg, 2005. S.47.

xis'" in Form der Partei[27], die den „proletarischen Klassenkampf *auf allen Gebieten und weit über das Parlament hinaus*" führen könne[28], damit auch „nichts mit der bürgerlichen politischen Praxis gemein" habe[29], unbegründet ist? Und was meinst du zu jener von mir angeführten anarchistischen Kritik, die ja nicht die Unmöglichkeit der Organisation einer Kollektivität innerhalb der Parteiform betrifft, sondern, dass diese Form der Kollektivität selbst nur zu einer *„vierte[n] Regierungsklasse"*[30] führen könne?

JOACHIM HIRSCH: Da haben die AnarchistInnen in der Tat recht. Eine Partei – auch wenn Sie sich revolutionär nennt – , die sich darauf konzentriert, den Staatsapparat zu übernehmen, um damit die Gesellschaft zu verändern, muss scheitern. Dass sie damit nur das organisatorische Zentrum einer neuen herrschenden Klasse bildet, hat die Entwicklung nach der Russischen Revolution eindringlich bestätigt. Das muss bezüglich der „ganz anderen" Parteiform, von der Althusser redet, einigermaßen skeptisch machen, zumal dabei auch kaum geklärt ist, wie diese nun genau auszusehen hätte. Natürlich wird im Zusammenhang gesellschaftlicher Befreiungsprozesse der existierende Staatsapparat nicht einfach negiert werden können, genau wie auch die Parteien. Nicht nur weil er ein wirksamer Gewaltapparat ist, sondern weil er zugleich, wie Poulantzas gezeigt hat, auch die institutionelle Materialisierung von Klassenbeziehungen darstellt, die sich mit den gesellschaftlichen Kräfteverhältnissen verändern.[31] Und damit können sich zugleich auch die Bedingungen für emanzipative Bewegungen anders gestalten. An der materialistischen Staatstheorie orientiert kann man argumentieren, dass

---

27 Louis Althusser: ‚Notiz über die ISA' (1976), in: ders.: *Ideologie und ideologische Staatsapparate.* 1. Halbband. Hamburg, 2010. S.103-123. Hier: S.116.

28 Louis Althusser: ‚Notiz über die ISA' (1976), in: ders.: *Ideologie und ideologische Staatsapparate.* 1. Halbband. Hamburg, 2010. S.103-123. Hier: S.114.

29 Louis Althusser: ‚Notiz über die ISA' (1976), in: ders.: *Ideologie und ideologische Staatsapparate.* 1. Halbband. Hamburg, 2010. S.103-123. Hier: S.117.

30 Michael Bakunin: ‚Schrift gegen Marx' (1872), in: ders.: *Konflikt mit Marx. Teil 2: Texte und Briefe ab 1871.* Berlin, 2011. S.914-991. Hier: S.924.

31 Nicos Poulantzas: *Staatstheorie. Politischer Überbau, Ideologie, Autoritärer Etatismus* (1977). Hamburg, 2002.

die Partei – als Bestandteil des erweiterten Staates – sich kaum dazu eignet, gesellschaftliche Kräfteverhältnisse zu verändern. Dazu bedarf es, wenn man so will, „zivilgesellschaftlicher" Initiativen und Bewegungen, also Formen der Selbstorganisation, die es gestatten, unabhängige Öffentlichkeiten durchzusetzen, nicht von vorneherein in die bürgerliche politische Form gezwängte Interessenartikulation zu ermöglichen, Produktions- und Lebensweisen konkret zu verändern, eigenständige Verständigungs- und Kompromissprozesse in die Wege zu leiten. Eine andere Gesellschaft lässt sich nicht von oben dekretieren. Antonio Gramsci hat richtig darauf hingewiesen, dass eine revolutionäre gesellschaftliche Veränderung nicht zuletzt den Kampf um eine alternative Hegemonie voraussetzt. Und dessen Ort ist die Zivilgesellschaft. Allerdings hat auch er auf die Partei als Organisatorin einer neuen Hegemonie gesetzt. Das war wohl ein Fehler. Befreiung setzt voraus, dass sich die Zivilgesellschaft selber verändert, neue gesellschaftliche und politische Strukturen geschaffen werden. Dies ist ein Prozess, der mit erheblichen Konflikten mit dem Staatsapparat, den Parteien und mit den bestehenden zivilgesellschaftlichen Organisationen einhergeht. Was Gramsci nicht richtig gesehen hat ist, dass im Prozess gesellschaftlicher Veränderungen die Zivilgesellschaft selbst transformiert werden muss.

PHILIPPE KELLERMANN: Ich greife deinen Hinweis auf, wonach „im Zusammenhang gesellschaftlicher Befreiungsprozesse der existierende Staatsapparat nicht einfach negiert werden" kann, „genau wie auch die Parteien". Mir selbst ist nämlich nicht so ganz klar, wie dies zu verstehen ist. Wir umkreisen dabei eine ältere Formel von Holloway, auf die du dich oftmals positiv beziehst, wonach es um Kämpfe, bzw. eine Politik „in und gegen den Staat"[32] gehe. In *Materialistische Staatstheorie* erläuterst du dies wie folgt: „Eine Einmischung auf der Ebene des bestehenden politischen Systems, das Ausüben von Druck und das Ausnutzen der sich darin entwickelnden Widersprüche und Konflikte ist (…) unumgänglich (…). Die Schwierigkeit besteht darin, Politik in Bezug

---

32 Joachim Hirsch: *Materialistische Staatstheorie. Transformationsprozesse des kapitalistischen Staatensystems.* Hamburg, 2005. S.232; Joachim Hirsch: ,'Kapitalismus aufbrechen' – aber wie?', in: *Das Argument.* Nummer 291 (2011). S.231-236. Hier: S.235.

auf den Staat und das bestehende politische System zu machen ohne selbst etatistische Politik- und Verhaltensformen zu übernehmen. (...) Das setzt vor allem politische Selbstorganisation und das Praktizieren eines Politikbegriffs voraus, der sich von dem herrschenden grundsätzlich unterscheidet. Nur unter dieser Voraussetzung ist eine wirksame Einflussnahme auf die politischen Prozesse in den Staatsapparaten überhaupt möglich."[33] Während du hier, wie auch in deiner Antwort, die Bedeutung der „politische[n] Selbstorganisation" akzentuierst, die die „Voraussetzung" für eine „wirksame Einflussnahme" sei, meinst du an anderer Stelle – und auch dies findet sich in deiner Antwort wieder –, dass es darum ginge „mittels der Durchsetzung institutioneller und rechtlicher Veränderungen Verhältnisse zu schaffen, in denen sich gesellschaftsveränderndes Verhalten erst breiter entwickeln kann."[34]

Nun schließen sich beide Positionen vielleicht – je nach Lesart – nicht unbedingt aus. So vertraten deutsche AnarchosyndikalistInnen in den 1920er Jahren z.B. folgende Position: „Wir unterscheiden uns von den Anhängern parlamentarischer Methoden nicht dadurch, weil diese die Notwendigkeit wirtschaftlicher, sozialer und politischer Verbesserungen anerkennen und wir dieselben prinzipiell ablehnen und nur dann mittun wollen, wenn es einmal um die Abschaffung der Lohnsklaverei im allgemeinen gehen wird. Nein, auch wir anerkennen die Notwendigkeit beständiger Verbesserungen innerhalb der heutigen Gesellschaft, und unser sozialistisches Endziel wäre nicht mehr wie eine Schatzanweisung auf den Mond, wenn wir uns den fortgesetzten Kämpfen um diese Verbesserungen entziehen wollten. Aber wir unterscheiden uns von den anderen durch die Wahl der Mittel und durch den revolutionären Inhalt unserer Methoden. Wir sind der Meinung, dass jede Verbesserung in der Lebenshaltung des Arbeiters innerhalb der kapitalistischen Gesellschaft ebenso wie die endgültige Befreiung des Proletariats nicht in den gesetzgebenden Körperschaften des modernen Klassenstaates durchgeführt werden, sondern einzig und allein durch die direkte und revolutionäre Aktion der Arbeiterschaft außerhalb der Parlamente und ganz

---

33 Joachim Hirsch. *Materialistische Staatstheorie. Transformationsprozesse des kapitalistischen Staatensystems.* Hamburg, 2005. S.232f.

34 Joachim Hirsch: ‚Kapitalismus aufbrechen' – aber wie?', in: *Das Argument.* Nummer 291 (2011). S.231-236. Hier: S.235.

besonders durch den aktiven Kampf ihrer Wirtschaftsorganisationen".[35] Und – am Beispiel des Kampfes um den Acht-Stunden-Tag – erläutert Augustin Souchy: „Die Syndikalisten sind starke Befürworter des Rätesystems, das sich jedoch in keiner Weise an den Staat hängen darf, sondern gerade die Existenz des Staates untergraben soll. Die Reformisten fordern den Achtstundentag und verhandeln um die Einführung desselben mit den Regierungen zwecks Schaffung eines Achtstundentaggesetzes und mit dem Internationalen Arbeitsamt in der Hoffnung auf Ratifizierung des Washingtoner Abkommens. Die Syndikalisten wollen ebenfalls den Achtstundentag und Sechsstundentag verwirklichen, doch sie verzichten auf die staatliche Gesetzgebung, weil die Arbeiter durch diese an die bestehende Gesellschaftsordnung gefesselt werden und dadurch der Revolution ein großes Hindernis ersteht. Sie fordern deshalb die Arbeiter auf, kürzere Arbeitszeit durch eigene Initiative und direkte Aktion zu erkämpfen, da diese Aktionsmethoden einen revolutionären Charakter tragen und dadurch über die heutige Gesellschaftsordnung hinausweisen."[36]

Der zentrale Gedanke ist also der, dass diese (revolutionäre) Aktivität der „direkte[n] Aktion" – die ja auch du stark machst, wenn du an einer Stelle anmerkst, dass eine emanzipatorische „Gegenstrategie nur darin bestehen" könne, „selbst mehr in die Hand zu nehmen, das etwas abstrakte Stichwort dazu heißt Selbstorganisation, also: die eigenen Interessen selbst wahrnehmen"[37], – es gerade ausschließt, „Engagement[.] in den Institutionen"[38] auszuüben, zumindest den staatlichen[39]. Gerade eine solche Form des Engagement sieht Holloway aber von dir

---

35 Rudolf Rocker: 'Der Kampf um das tägliche Brot' (1925), in: *Graswurzelrevolution. Sonderheft zur Kritik der parlamentarischen Demokratie.* S.68-71. Hier: S.69.

36 Augustin Souchy: ‚Revolution und Evolution' (1928), in: ders. *Anarchistischer Sozialismus.* Münster, 2010. S.38-47. Hier: S.45.

37 Joachim Hirsch: ‚Was fehlt, ist die Vorstellung davon, wie es anders sein könnte', in: Christian Stenner (Hg.). *Kritik des Kapitalismus. Gespräche über die Krise.* Wien, 2010. S.19-24. Hier: S.23.

38 John Holloway: ‚Zorn und Freude: Mehr als eine Antwort auf Joachim Hirsch', in: *Das Argument.* Nummer 292 (2011). S.421-427. Hier: S.425.

39 John Holloway: ‚Zorn und Freude: Mehr als eine Antwort auf Joachim Hirsch', in: *Das Argument.* Nummer 292 (2011). S.421-427. Hier: S.425.

befürwortet und erklärt diesen Punkt zur „vielleicht (...) zentrale[n] Frage" die euch „trennt".[40] Und er formuliert folgenden Vorwurf: „Die große Gefahr institutioneller Politik besteht jedoch darin, dass sie uns in eine Welt hineinzieht, in der es sehr schwierig ist, das radikale Ziel der Schaffung einer Alternative zu abstrakter Arbeit auch nur zu erwähnen. Der Realismus des radikalen Reformismus macht auf mich einen sehr unrealistischen Eindruck."[41] Und tatsächlich stellt sich nach dieser Lesart die Frage, wie eine solche Perspektive dazu führen kann „eine politische Orientierung in Gang [zu] setzen, die sich nicht mehr nur auf die Institutionen stützt"[42]. Du hast diese Gefahr in einer Hinsicht ja selbst zum Thema gemacht, als du in einem anderen Interview darauf verwiesen hast, dass, als „die neue Partei, die ‚Linke', auftauchte, (...) plötzlich sehr viele Aktivisten aus Bewegungen abgezogen" wurden, was eine „Folge der Illusion" gewesen sei, „sie könnten damit etwas bewirken, statt dort weiterzumachen, wo sie stehen"[43]. Was also meinst du zu alledem? Und: Wo sollten wir stehen?

JOACHIM HIRSCH: Natürlich drohen einige Gefahren, wenn es darum geht, die Gesellschaft zu verändern. Nicht zuletzt die, in die Falle institutioneller Politik zu geraten. In diese Gefahren gerät man allerdings gerade dann, wenn man die Relevanz und den Charakter der bestehenden politischen Institutionen verkennt. Weder Theorie noch Politik sind halt so ganz einfach. Den Staat also solchen zu dämonisieren, führt nicht weiter. Vielleicht sollte man damit anfangen, dass der Staat keine Einrichtung außer oder oberhalb der Gesellschaft ist, sondern ein integraler Bestandteil des kapitalistischen Produktionsverhältnisses.

---

40 John Holloway: ‚Zorn und Freude: Mehr als eine Antwort auf Joachim Hirsch', in: *Das Argument*. Nummer 292 (2011). S.421-427. Hier: S.423.

41 John Holloway: ‚Zorn und Freude: Mehr als eine Antwort auf Joachim Hirsch', in: *Das Argument*. Nummer 292/2011. S.421-427. Hier: S.424.

42 Joachim Hirsch: ‚Was fehlt, ist die Vorstellung davon, wie es anders sein könnte', in: Christian Stenner (Hg.). *Kritik des Kapitalismus. Gespräche über die Krise.* Wien, 2010. S.19-24. Hier: S.23.

43 Joachim Hirsch: ‚Was fehlt, ist die Vorstellung davon, wie es anders sein könnte', in: Christian Stenner (Hg.). *Kritik des Kapitalismus. Gespräche über die Krise.* Wien, 2010. S.19-24. Hier: S.23.

Damit ist er eine Organisation, in der nicht zuletzt auch die Widersprüche zum Ausdruck kommen, die für die kapitalistische Gesellschaft charakteristisch sind. Und an Widersprüchen muss man bekanntlich ansetzen, wenn man etwas verändern will. Man muss sich mit ihnen herumschlagen, theoretisch wie praktisch politisch. Poulantzas hat darauf hingewiesen, dass die Staatsapparate „materielle Verdichtungen" sozialer Kräfteverhältnisse darstellen und sich mit diesen verändern. Und zweifellos ist es für emanzipative Bewegungen nicht ganz unerheblich, welchen konkreten Charakter der staatliche Gewaltapparat hat und von welchen Kräften er bestimmt wird. Die Vorstellung, man könnte sozusagen am Staat vorbei die Gesellschaft grundlegend verändern, halte ich für einigermaßen naiv. Wenn Holloway meint, man könne aus den bestehenden gesellschaftlichen Verhältnissen so ganz einfach austreten – wie es einige Beispiele in seinem neuen Buch andeuten[44] – so ist das bestenfalls romantisch zu nennen. Das Problem besteht doch darin, dass wir von vorneherein innerhalb dieser Verhältnissen leben, agieren und nicht zuletzt von ihnen geprägt sind. Es dürfte auch kaum möglich sein, den bestehenden Staatsapparat zu zerschlagen und dann irgendwie eine ganz neue, wirklich demokratische politische Organisationsform zu schaffen. Ohne eine zentrale Apparatur kann eine Gesellschaft nämlich weder frei noch demokratisch sein. Auch auf dieser Ebene wird man also mit langwierigen und schwierigen Transformationsprozessen zu rechnen haben.

Was ich mit dem Begriff „radikaler Reformismus" meine, ist dies: Veränderungen müssen in der Tat an der Wurzel der bestehenden Verhältnisse ansetzen, was heißt, konkrete Lebens- und Vergesellschaftungsweisen neu zu gestalten: Verkehrs- und Produktionsformen, politische Organisationsweisen, Geschlechterverhältnisse, Naturverhältnisse. Das ist etwas, was sich gegen die herrschenden sozialen Formen – unter anderem den Staat – richtet und ein schwieriger, konfliktreicher, langwieriger und oft schmerzhafter Prozess ist. Dieser kann nicht von oben dekretiert werden, wie die gescheiterten proletarischen Revolutionen zeigen, sondern muss von selbstorganisierten gesellschaftlichen Initiativen

---

44 John Holloway: *Kapitalismus aufbrechen*. Münster, 2010.

ausgehen. Gelingt das, dann verändern sich die sozialen Kräfteverhältnisse und damit auch die Staatsapparate. Dabei muss es darum gehen, auch auf dieser Ebene Spielräume zu schaffen. Dies zu berücksichtigen, ist ein notwendiger Bestandteil jeder emanzipativen Bewegung. Kurz gesagt: emanzipative gesellschaftliche Veränderungen können nicht vom Staat ausgehen oder mit ihm durchgesetzt werden, aber die in ihm oder über ihn ablaufenden Prozesse sind wichtig dafür, wie sie sich entwickeln können. Wie du angemerkt hast, hat Holloway dies in früheren – und wie ich finde theoretisch gehaltvolleren – Schriften als Kampf „in und gegen den Staat bezeichnet". Dieser ist in der Tat nicht einfach, weil es darum geht, zugleich innerhalb und gegen die bestehenden sozialen Strukturen – von den Alltagspraktiken, Bewusstseinsformen bis hin zum Staat – zu agieren. Diese haben immer die Eigenschaft, reale Veränderungen zunichte zu machen, alternative Ansätze in die kapitalistischen Formen zurück zu zwängen. Kurzum: der Weg zur sozialen Emanzipation ist schwieriger und steiniger, als viele sich als revolutionär verstehende Vorstellungen das gesehen haben.

PHILIPPE KELLERMANN: In deiner Antwort sprichst du viele wichtige und interessante Dinge an, die es eigentlich ausführlich zu diskutieren gilt. Beispielsweise was du unter einer „zentrale[n] Apparatur" verstehst und was deren Verhältnis zu freien und (radikal-)demokratischen Praxen angeht. Hier berühren wir vielleicht – ich bin mir nicht sicher, ob ich dich richtig verstehe – auch eines der grundlegenden Themen in der historischen Auseinandersetzung zwischen Marxismus und Anarchismus, nämlich die Frage nach zentralistischen und föderalen Gesellschaftsmodellen.

Für die nächste Frage möchte ich allerdings deine Bemerkung aufgreifen, wonach die neueren Ausführungen Holloways „bestenfalls romantisch" seien. In deiner unlängst erschienenen Kritik an dessen *Kapitalismus aufbrechen* ist mir nämlich ein Satz aufgefallen. So schreibst du: „Er [Holloway] verbindet sich selbst mit der anarchistischen Tradition und ist zudem ein Romantiker."[45] Auffällig fand ich diesen Satz, weil wohl für viele, aus dem Marxismus herkommende AutorInnen, Anar-

---

45 Joachim Hirsch: ‚'Kapitalismus aufbrechen' – aber wie?', in: *Das Argument*. Nummer 291 (2011). S.231-236. Hier: S.236.

chismus und Romantik deckungsgleich sind. Im Übrigen denke ich wie du, dass Holloway oft etwas zu optimistisch ist, wobei ich mich aber auch frage, ob die triste deutsche Perspektive einem oft den Blick auf die Entwicklungen in anderen Ländern verstellt. So oder so scheint mir, dass zwischen uns Einverständnis darüber herrscht, dass „der Weg zur sozialen Emanzipation (…) schwieriger und steiniger" ist, „als viele sich als revolutionär verstehende Vorstellungen das gesehen haben". Ich glaube jedoch, dass man sich gerade in der anarchistischen Tradition dieser Schwierigkeit oftmals bewusst war und an „staatssozialistischen" Theorien ja auch immer wieder kritisch aussetzte, dass diese es sich – mit ihrer vor allem funktionalen und das Problem des Kulturrevolutionären beseiteschiebenden Ausrichtung – viel zu einfach machen würden. Deshalb – bevor wir zur Schlussfrage kommen: Gesetzt den Fall, der Anarchismus lässt sich nicht mit unpraktikablem Romantizismus gleichsetzen, worin würdest du Momente und Ansätze in der anarchistischen Tradition und deren Denken sehen, die für eine gegenwärtige emanzipatorische Bewegung lohnenswert zu rezipieren wären?

Joachim Hirsch: Ich schrieb ja, dass Holloway *zudem* ein Romantiker sei, was heißt, dass ich Anarchismus und Romantizismus nicht gleichsetze. Und noch eine Bemerkung: Gerade die Ereignisse in der kapitalistischen Peripherie haben in der Vergangenheit oft genug Anlass für romantische Vorstellungen hierzulande gegeben. So hat z.B. die Realität im Süden Mexikos mit einigen gängigen Bildern von den Zapatistas wenig zu tun. Deine Frage kann ich nicht wirklich gründlich beantworten, weil das voraussetzen würde, mich genauer in die anarchistische Literatur und Geschichte einzuarbeiten. Deshalb nur so viel: vom Anarchismus wäre vor allem zu lernen, dass soziale Emanzipation nicht von Avantgarden, Parteien und Staaten ausgehen kann, sondern eine unmittelbare Angelegenheit der Menschen sein muss, dass Freiheit nicht durch Zwang hergestellt werden kann und dass dies bestimmter Formen gesellschaftlicher Praxis bedarf. Auch angesichts der Tatsache, dass die theoretischen Rechtfertigungen des Staatssozialismus, die in der marxistischen Tradition eine verhängnisvolle Rolle gespielt haben, inzwischen der Vergangenheit angehören, bleibt das wichtig. Staatsfixierung und Staatsfetischismus spielen bis heute in sozialen Bewegungen, linken Gruppierungen und vor allem Parteien eine große Rolle.

PHILIPPE KELLERMANN: Wie ich sehe, habe ich mich offenkundig unklar ausgedrückt. Denn dein Satz zu Holloway ist mir gerade deshalb aufgefallen, weil ich dieses „zudem" interessant fand und ich darin eine mögliche Offenheit gegenüber dem Anarchismus vermutete, zumindest keine generelle Verdammung als Romantizismus.

Nun aber zu meiner Abschlussfrage: In der *Rivoluzione Sociale*, Zeitschrift der sich als anarchistisch verstehenden italienischen Föderation der Ersten Internationale, hieß es mit Blick auf die Auseinandersetzungen innerhalb der Internationalen Arbeiter-Assoziation: „Im Messen unserer Kräfte erwarten wir die Revolution: Möge sie über *Autoritäre* und *Anarchisten* urteilen."[46] Wie würdest du – selbstverständlich nur schematisch und allgemein – die Geschichte, Erfolge und Niederlagen der sozialistischen Bewegung(en) resümieren? Und was kann hieraus für die Gegenwart gelernt werden?

JOACHIM HIRSCH: Noch eine Bemerkung zum Romantizismus: das ist in der Tat keine Charakterisierung des Anarchismus, auch wenn ich die romantischen Aspekte, die er enthält, durchaus schätze. Das gehört dazu, wenn man die Gesellschaft emanzipatorisch verändern will, wie auch utopisches Denken. Nur sollte dies nicht die nüchterne Analyse der Realität verhindern.

Ich denke, deine Frage bezieht sich auf die sozialistischen Bewegung(en), die sich als historisch besonders wirkungsmächtig erwiesen haben, also die ArbeiterInnenbewegungen und die im Namen von Sozialismus und Kommunismus erfolgten Revolutionen des 20. Jahrhunderts. Ihr Erfolg bestand darin, dass sie die sozialen Kräfteverhältnisse in nationalen wie internationalen Rahmen nachhaltig verändert haben. Dadurch, also durch das Erstarken der Arbeiterparteien und der Gewerkschaften, aber auch durch die Auswirkungen der Russischen Revolution ist es gelungen, den Kapitalismus in einem gewissen Maß zu „zivilisieren" – ein Vorgang, der eben jetzt durch die neue Globalisierungsoffensive des Kapitals wieder rückgängig zu machen versucht wird, und dies durchaus erfolgreich. Damit ist zugleich auch die Frage der Niederlagen angesprochen. Ich denke, dass diese, etwas vereinfacht

---

46 Rivoluzione Sociale: ‚Der Haager Kongress' (1872), in: Michael Bakunin. *Konflikt mit Marx. Teil 2: Texte und Briefe ab 1871*. Berlin, 2011. S.867-876. Hier: S.875f.

gesagt, auf die Staatszentriertheit sowohl der reformistischen als auch der revolutionären Ansätze zurückzuführen sind. Zu lernen ist daraus, dass eine freie und solidarische Gesellschaft nicht durch die Interventionen des Staatsapparats und durch herrschaftlichen Zwang erreicht werden kann. Es bedarf dazu „zivilgesellschaftlicher" Initiativen und Bewegungen, die zum Ziel haben, das herrschende Bewusstsein zu verändern und alternative Formen der Vergesellschaftung praktisch zu entwickeln. Das heißt nicht, dass der Staat außer Acht gelassen werden darf, wie ich schon gesagt habe. Soziale Bewegungen und hegemoniale Kämpfe haben immer Rückwirkungen innerhalb der Staatsapparate, mit denen umgegangen werden und auf die Einfluss genommen werden muss. Aber der zentrale Ort emanzipativer Politik ist die Gesellschaft selbst: die konkrete Lebensweise, die alltäglichen sozialen Beziehungen, die Schaffung neuer Formen der Vergesellschaftung und der Politik.

PHILIPPE KELLERMANN: Dann bleibt mir nur mich ganz herzlich für dieses Gespräch zu bedanken.

Auf dem Weg zur Freiheit des Nichtidentischen

Hendrik Wallat über die Entdeckung anarchistischer Einsichten, Bleibendes der Marxschen Formanalyse und die Notwendigkeit einer emanzipatorischen Theorie

Hendrik Wallat

Jahrgang 1979, studierte Politische Wissenschaft, Geschichte, Soziologie und Philosophie in seiner Geburtstadt Hannover. Glücklicherweise noch vor allen „Reformen" und unter dem alten Personal, das durch die Bank links war. 2008 promovierte er mit einer vergleichenden Arbeit über Marx und Nietzsche (Das Bewusstsein der Krise, Bielefeld, 2009). Letztes Resultat seines schon länger bestehenden Interesses an der (dissidenten) Arbeiterbewegung und ihren Theoretikern ist das Buch Staat oder Revolution. Probleme und Aspekte linker Bolschewismuskritik (Münster, 2012), das sich mit der vergessenen/verdrängten linken Kritik an der bolschewistischen Usurpation der Oktoberrevolution beschäftigt; Erinnerungsarbeit und das Aufzeigen von historischen Alternativen im Interesse der Gegenwart. Seinen weiteren Forschungsschwerpunkten entsprechend, arbeitet Wallat zur Zeit an einer Untergrundgeschichte der klassischen politischen Philosophie, die deren animalische Subtexte herrschaftskritisch aufspüren will.

PHILIPPE KELLERMANN: Im Sommer 2009 erschien ein Heft der (vorwiegend marxistisch ausgerichteten) Zeitschrift *Prokla* mit dem Themenschwerpunkt „Sozialismus?"[1] Auch du hast einen Beitrag zu diesem Heft verfasst, der sich mit der „Sozialismuskritik im Werk von Karl Marx" befasst und in dem sich folgender Satz findet: „Wer vom Etatismus spricht, darf vom Anarchismus nicht schweigen."[2] Hat es dich überrascht, dass sich kein anderer Beitrag des Heftes mit dem Anarchismus beschäftigt oder diesen diskutiert hat? Wie lässt sich dies erklären?

HENDRIK WALLAT: Auch wenn ich diesbezüglich enttäuscht war, so war ich doch weniger überrascht. Insgesamt herrscht in marxistischen Kreisen in Bezug auf die Originallektüre anarchistischer Klassiker ein großes Defizit. Mehr als Gerüchte, die von Marx an herrühren, sind häufig nicht bekannt. Da herrscht durchaus Eintracht mit den ‚bürgerlichen', überaus interessierten Vorurteilen über den rundweg entweder als naivromantisch oder als terroristisch denunzierten Anarchismus. Ich selbst kann mich davon nicht ausnehmen. Mein Aufsatz ist eines der Resultate meiner Dissertation, die ich an der Universität Hannover in Politischer Wissenschaft abgelegt habe.[3] Dort war – nichts ist davon übrig geblieben – die Geschichte der Arbeiterbewegung integraler Bestandteil der Forschungslandschaft. Aber selbst meine ‚Doktorväter' Gert Schäfer und Michael Buckmiller haben bei aller fundamentalen Kritik am offiziellen Marxismus, jedenfalls soweit ich das beurteilen kann, dem anarchistischen Spektrum nicht jene Aufmerksamkeit gewidmet, das es verdient hat. Ich habe das gleichsam nachgeholt über die Lektüre früher radikaler linker Kritik am Bolschewismus.[4] Da schneiden die AnarchistInnen schlicht am besten ab; und entsprechen so gar nicht dem (scheinbar bis heute verinnerlichten) marxistischen Klischee. Ich erinnere nur an

---

1 *Prokla*. Zeitschrift für kritische Sozialwissenschaft. Nummer 155 (2009).

2 Hendrik Wallat: ‚Weder Staat noch Kollektiv. Sozialismuskritik im Werk von Karl Marx', in: *Prokla*. Zeitschrift für kritische Sozialwissenschaft. Nummer 155 (2009). S.269-286. Hier: S.274.

3 Hendrik Wallat: *Das Bewusstsein der Krise. Marx, Nietzsche und die Emanzipation des Nichtidentischen in der politischen Theorie*. Bielefeld, 2009.

4 Hendrik Wallat: *Staat oder Revolution. Aspekte und Probleme linker Bolschewismuskritik*. Münster, 2012.

Isaak Steinbergs *Gewalt und Terror in der Revolution*[5], der bis heute wohl bedeutendsten linken Kritik an der bolschewistischen Politik – die leider ebenfalls nicht einmal in Ansätzen rezipiert wurde und wird. Ich würde heute meine Ausführungen zu Marx – nicht zuletzt aufgrund deines Einspruchs[6] – daher mittlerweile auch kritischer ausfallen lassen. Dies betrifft zumindest sein Verhältnis zu den AnarchistInnen, zum Staat und seine Politik in der Ersten Internationale, weniger aber die Möglichkeiten/Notwendigkeiten einer materialistisch-formanalytischen Kritik von Politik und Staat.

PHILIPPE KELLERMANN: Du hast dich im Zuge deiner Auseinandersetzung mit der linken Bolschewismuskritik verstärkt mit anarchistischen Texten befasst: Hast du den Eindruck gewonnen, dass die von dir gelobte anarchistische Kritik an den Bolschewiki auch in Bezug auf Marx etwas zu sagen hat? Oder ist sie eher durch ein „krudes" Marxverständnis geprägt, das zwar die Marx folgende Tradition treffend kritisiert, das Marxsche Denken jedoch nicht zu erfassen vermag? Die Frage stellt sich, da von marxistischer Seite aus immer wieder erklärt wurde/wird, dass der Anarchismus zum Beispiel den Marxismus der deutschen Sozialdemokratie fälschlicherweise mit der Theorie von Marx identifiziert habe.

HENDRIK WALLAT: Nein, sie hat zweifelsohne auch was in Bezug auf Marx zu sagen; ich denke sogar Entscheidendes. Sicher ist es falsch den Marxismus, welcher politischen Couleur auch immer, mit der kritischen Theorie von Marx zu identifizieren. Es ist nicht nur zwischen Marx und Marxismus, sondern auch zwischen Marx und Marx zu differenzieren; inwiefern etwa ganz entgegensetzte Argumentationen bei Marx zu finden sind, hat bspw. Ingo Elbe in Bezug auf seine Revolutionstheorie deutlich gemacht.[7] Dennoch bzw. demnach gibt es einen schwierigen

---

5 Isaak Steinberg: *Gewalt und Terror in der Revolution. Das Schicksal der Erniedrigten und Beleidigten in der russischen Revolution* (1931). Berlin, 1974.

6 Philippe Kellermann: *Marxistische Geschichtslosigkeit. Von Verdrängung, Unwissenheit und Denunziation. Die (Nicht-)Rezeption des Anarchismus im zeitgenössischen Marxismus*. Lich, 2011. S.184-256.

7 Ingo Elbe: ‚Umwälzungsmomente der alten Gesellschaft‹ – Revolutionstheorie und ihre Kritik bei Marx', in: Fabian Kettner/Paul Mentz (Hg.). *Theorie als Kritik*.

Erbteil im Marxismus, der von Marx und Engels selbst herrührt, und nicht allein eine legitimationsideologische Erfindung seiner Epigonen ist: das ist einerseits das entwicklungsgeschichtliche Motiv, das Marx aus Hegels Geschichtsphilosophie des (notwendigen wie gerechtfertigten) Fortschritts qua Negation der Negation übernommen hat, und von dem er sich, bei aller Kritik, nie wirklich löste – Kommunismus als historische Mission des Proletariats und Resultat der Produktivkraftentwicklung. Andererseits ist dies der Szientismus und die Wissenschaftsgläubigkeit, die Marx – bei aller Dialektik – mit seinem Zeitalter teilte – von der Utopie zur Wissenschaft. Beide Komponenten zusammen – man könnte auch noch gucken, inwiefern die Darwinsche Evolutionstheorie, beide Aspekte in einem gewissen Sinne vereinend, später auch noch eine Rolle spielt – sind in Bezug auf die Fragen von Politik und Moral zentral. Die AnarchistInnen haben sehr früh gesehen, dass hier ein Einfallstor für eine politische Praxis besteht, in der Freiheit, Individualität, aber auch moralische Verantwortung keine Rolle mehr spielen, und von einem überaus gewaltsamen wie instrumentellen (mit dem Staat/proletarischer Diktatur) Geschichte-Machen im Namen von Wissenschaft und Fortschritt verdrängt werden. Ich verweise hier nur – zum Nachlesen – auf Rudolfs Rockers hellsichtigen Aufsatz „Wissenschaft und Geschichtsauffassung"[8], die entsprechenden Ausführungen in Steinbergs *Gewalt und Terror in der Revolution* oder die bohrenden Fragen von Simone Weil[9]. All dies sind Punkte, an denen die bolschewistische Praxis zumindest, um es vorsichtig zu formulieren, nicht unvereinbar gewesen ist mit gewissen, (einst) besonders populären Motiven im Denken von Marx und Engels. Im Übrigen, und das hat mich gerade im Angesicht der marxistisch-bolschewistischen Hasstiraden beeindruckt, geht es diesen AutorInnen keineswegs um weltanschauliche Verdammungsurteile gegenüber Marx. Man hat nur die emanzipatori-

---

Freiburg, 2008. S.93-123. [http://www.rote-ruhr-uni.com/cms/IMG/pdf/Umwalzungsmomente.pdf]

8 Rudolf Rocker: ‚Wissenschaft und Geschichtsauffassung' (1932), in: ders. *Aufsatzsammlung.* Band 1. 1919-1933. Frankfurt am Main, 1980. S.173-182.

9 Simone Weil: ‚Über die Widersprüche des Marxismus', in: dies. *Unterdrückung und Freiheit. Politische Schriften.* München, 1975. S.265-273. Siehe hierzu auch: Hendrik Wallat: *Faschismusanalyse und Marxismuskritik bei Simone Weil.* Berlin, 2011.

schen Finger in die wunden Punkte seines Denkens gelegt; zumeist treffender als der sogenannte Postmarxismus es Jahrzehnte später tat. Die Marxkritik, zumindest der genannten AnarchistInnen erschien mir stets recht fair und gut begründet, auch wenn sie freilich die zentralen, bis heute überaus wichtigen Gehalte seiner kritischen Theorie der kapitalistischen Moderne und ihrer philosophischen Gehalte nicht erkannten, was freilich ja auch auf die meisten MarxistInnen zutraf. In summa: in vielerlei Hinsicht trifft die anarchistische Kritik Marx, auch wenn jene zentralen Anhaltspunkte im Denken von Marx nicht wahrgenommen wurden, mit denen sich die Marxsche Theorie selbst überaus treffend – immanent – kritisieren lässt.

PHILIPPE KELLERMANN: Ich möchte zuerst deinen Hinweis auf das Problem des „Szientismus" und der „Wissenschaftsgläubigkeit" bei Marx aufgreifen. Interessant scheint mir zu sein, dass die anarchistische Kritik eines Bakunin an Marx (auch) an diesem Punk einsetzte. Bakunin betonte ja: „Die Worte ‚*gelehrter Sozialist*', ‚*wissenschaftlicher Sozialismus*', denen man in den Werken und Reden der Anhänger von Lassalle und Marx ständig begegnet, beweisen allein schon, dass der sogenannte Volksstaat nichts anderes sein wird als die äußerst despotische Regierung der Volksmassen durch eine neue und zahlenmäßig sehr kleine Aristokratie wirklicher oder angeblicher Gelehrter."[10] Und es scheint mir nützlich, jenem Hinweis nachzugehen, den Bakunin im Kontext einer grundsätzlichen Kritik an der Reichweite von Wissenschaft, an anderer Stelle gibt: „Als Männer der Wissenschaft haben sie nur mit Allgemeinheiten zu tun und interessieren sich nur für solche. (…) Ein Naturforscher, der selbst ein wirkliches und lebendes Wesen ist, seziert beispielsweise ein Kaninchen; dieses Kaninchen ist gleichfalls ein wirkliches Wesen und war, wenigstens vor kaum einigen Stunden, eine lebende Individualität. Nachdem der Naturforscher es seziert hat, beschreibt er es: Nun, das Kaninchen, welches aus seiner Beschreibung hervorgeht, ist ein Kaninchen *im allgemeinen*, das jeder Individualität beraubt, allen Kaninchen gleicht (…) Die menschliche Individualität (…) ist für die Wissenschaft gleichfalls unfassbar und sozusagen nicht existierend.

---

10 Michael Bakunin: *Staatlichkeit und Revolution* (1873). Berlin, 2007. S.338.

Deshalb müssen auch die lebenden Individualitäten sich gegen sie verwahren und schützen, um von ihr nicht wie das Kaninchen zum Nutzen irgendeiner Abstraktion geopfert zu werden."[11] Kannst du mit dieser Kritik – die sich ja keinesfalls, wie Bakunin selbst immer wieder betonte, generell gegen die Bedeutung der Wissenschaft richtete – etwas anfangen? Und muss vor dem Hintergrund dieser zeitgenössischen Kritik an Marx nicht auch deine Bemerkung relativiert werden, wonach Marx diesen „Szientismus" mit „seinem Zeitalter zutiefst teilte"?

HENDRIK WALLAT: Sicherlich kann man Letzteres relativieren. Man muss ja nur an Nietzsche denken, der nahezu zur selben Zeit, in der Engels wesentliche Grundlagen für den sozialistischen Gang von der Utopie zur Wissenschaft legte[12], die Wissenschaft selbst als eine nihilistische Moral zu entlarven versuchte; das gelingt ihm aber nur in Teilen und geht keineswegs zufällig mit einem politisch reaktionären Programm einher. In Bezug auf die Bedeutung von Wissenschaft muss man differenzieren. Allgemein gesprochen ist Wissenschaft Ausdruck menschlicher Autonomie, der Freiheit des Geistes. Als solche ist sie Bestandteil menschlicher Emanzipation. Ich teile daher explizit nicht die, in vielerlei Hinsicht von Nietzsche inaugurierte, postmoderne Wissenschaftskritik, die epistemologisch auf klapprigen Beinen steht; sie ist philosophiegeschichtlich ein zumeist unbewusstes Erbe des Nominalismus, dessen erkenntnistheoretische Aporien überhaupt nicht reflektiert werden. Freilich ist „die" Wissenschaft unter den Bedingungen kapitalistischer Vergesellschaftung selbst Bestandteil destruktiver Prozesse. In ihrer (trotz aller dialektischen wie postmodernen Kritik) dominant-positivistischen Form ist sie Ausdruck und Organisator von Heteronomie; sowohl Rückfall in Mythologie – man betrachte nur die neuesten Versuche der Radikalnaturalisierung von Mensch und Gesellschaft in der Hirnforschung – als auch Herrschaftswissen. Das Problem ist hierbei aber nicht „die" Wissenschaft oder „die" Aufklärung, sondern ihre kapitalistische „Basis". Doch die Differenzierung muss weitergehen, was

---

11 Michael Bakunin: *Gott und der Staat* (1871). Berlin, 2007. S.85f.

12 Friedrich Engels: ‚Die Entwicklung des Sozialismus von der Utopie zur Wissenschaft' (1880), in: *MEW*. Band 19. Berlin, 1962. S.177-228.

zurückführt zu Marx und den Zitaten von Bakunin: das Politische als Praxis der Freiheit, wenn ich emphatisch sprechen darf, ist dem wissenschaftlichen Wissen als ordnendes, berechnendes, verallgemeinerndes Verfahren in einem positivistischen Sinne nicht verfügbar; was übrigens bereits Aristoteles wusste, und dann von Hannah Arendt, nicht immer unproblematisch, herausgestellt wurde. Hoch problematisch ist eben der von Platon herrührende Versuch, (kollektive) Praxis durch (elitäres) Wissen zu substituieren: an die Stelle der Selbstbefreiung eine vermeintlich wissenschaftlich erwiesene historische Mission, an die Stelle der Selbstregierung die Verwaltung von Sachen zu setzen – an die Stelle von Möglichkeiten und Alternativen tritt die legitimationsideologische Einsicht in die Notwendigkeit, die am Ende der/die große Vorsitzende der KP für sich beansprucht. Damit ist keine Absage an Sozialwissenschaft und politische Theorie, wohl aber an eine Politik intendiert, die meint wissenschaftliche Wahrheiten umsetzen zu können. Es besteht eben eine prinzipielle Nichtidentität zwischen Praxis und Theorie, deren Dialektik nur um den Preis der Autonomie beider aufhebbar ist; was vom angeblich so unpolitischen Adorno zu lernen ist. Die emanzipatorische Verwirklichung der Vernunft ist nicht die Ausführung eines Plans, sondern die Praxis der Freiheit, die unabschließbar, nicht aber willkürlich – also an angebbare soziale Bedingungen geknüpft ist. Marx wusste dies. Er war bekanntlich entsprechend zurückhaltend in Bezug auf die konkrete Gestaltung einer freien Gesellschaft; man denke an das, seinerseits nicht völlig unproblematische, „Bilderverbot" etc. Diesem Wissen um die Bedingungen der Selbstbefreiung steht aber ein sozialtechnologisch-technokratischer Zug gegenüber, der durchaus etwas mit dem Anspruch auf einen „wissenschaftlichen" Sozialismus zu tun hat und dann auch sein Unwesen in den diversen uns bekannten Sozialismen trieb.

PHILIPPE KELLERMANN: In diesem Zusammenhang scheint es mir interessant, dass Bakunin, der in jungen Jahren ja ein strammer Hegelianer gewesen ist, rückblickend feststellte: „Wer nicht damals gelebt hat, der wird nie verstehen, wie stark der Zauber dieses [Hegels] philosophischen Systems in den dreißiger und vierziger Jahren [des 19. Jhr.] war. Man glaubte, dass das ewig gesuchte Absolute endlich gefunden und begriffen war, und dass man es en gros und en détail in Berlin kaufen könne."[13] Und seine Abkehr vom Hegelianismus erfolgt gerade aufgrund dessen freiheitsfeindlichen Charakters: „Sie", so schreibt er im Kontext der Auseinandersetzung mit Marx um die ideologische Ausrichtung der Internationalen Arbeiter-Assoziation, „kann sich (…) nur unter der einen Bedingung behaupten, dass keine politische oder sozialistische oder philosophische Theorie je die offizielle, obligatorische Theorie der Internationale wird. – Zunächst ist jede offizielle Theorie ein nonsens. Um den Mut und einen Vorwand zu besitzen, sich aufzuzwingen, muss sie sich als absolut proklamieren, und die Zeit des Absoluten ist vorüber, wenigstens im Lager der Revolution – das Absolute ist für Männer der Freiheit und der Menschheit das Absurde. Ferner, da eine bestimmte Theorie nie wirklich das Produkt des individuellen Denkens Aller war und sein kann, da alle Theorien, insoweit als sie ausführliche und abgeschlossene Theorien sind, stets von einer kleinen Zahl Menschen ausgearbeitet sind und sein werden, wird die sogenannte absolute Theorie in Wirklichkeit nie etwas anderes darstellen als den von dem Denken einiger auf das Denken Aller ausgeübten Despotismus, – einen theoretischen Despotismus, der nie verfehlen wird, in praktischen Despotismus und Ausbeutung umzuschlagen."[14]

Ich möchte aber nun gerne, bevor die Frage der von dir angesprochenen Moralproblematik bei Marx zu diskutieren sein wird, gewissermaßen als „Brücke" dorthin, auf das Problem der revolutionären Praxis eingehen. Hins, Mitglied der belgischen Föderation der Internationale, hat auf eine geheime, von Marx gegen Bakunin in Umlauf gebrachte Schrift folgendermaßen reagiert: „Ich jedenfalls bin nicht gewillt, mich jenen Hochgelehrten zu beugen, die meinen, über jemanden ein Urteil gefällt zu haben, wenn sie sagen: *Er hat nicht studiert.* (…) Wenn es (…) bedeutet, dass er *keine Bücher studiert hat*, kann ich nur sagen, dass mir das völlig egal ist. Schließlich geht es nicht um eine Bewegung, die ein halbes Dutzend Gelehrter von ihrem Schreibtisch aus dirigieren können".[15] Ist es nicht für einen Revolutionär, als welcher sich Marx

---

13 Michael Bakunin: *Staatlichkeit und Anarchie* (1873). Berlin, 2007. S.274

14 Michael Bakunin: ‚An die spanischen Brüder der Allianz' (Frühjahr 1872), in: ders. *Staatlichkeit und Anarchie und andere Schrift*en. Frankfurt am Main/Berlin/Wien, 1972. S.796-807. Hier: S.799f.

15 Eugène Hins zitiert nach: Wolfgang Eckhardt: Michael Bakunin. *Ausgewählte*

zweifellos verstand, erstaunlich, zu behaupten, ein Buch [hier: *Das Kapital*] sei das „furchtbarste Missile", das den „Bürgern (Grundeigentümer eingeschlossen) noch an den Kopf geschleudert" worden sei[16]? Welche Bedeutung besitzt deiner Meinung nach die konkrete Erfahrung und das konkrete Kämpfen im Vergleich mit dem „gelehrten Studium"? Meinst du es gibt etwas im Marxschen Denken, dass – hierhin gehört auch die von dir erwähnte Marxsche Revolutionstheorie – folgende Problematisierung rechtfertigt: „Wenn der Marxismus, der sich mehr mit sozial-historischen Phänomenen als mit konkreten Darstellungen der möglichen Veränderung der Gesellschaft beschäftigt, der mehr Wissenschaft und mehr Interpret der Klassenkämpfe ist, uns weniger auf die Barrikaden treibt als hinter den Schreibtisch fesselt, dann müssen wir dieser Sabotagetheorie den Kampf ansagen."[17]

HENDRIK WALLAT: In diesem Fall kann die Antwort einmal halbwegs kurz ausfallen: 1. Bakunin kann ich zustimmen, ich glaube allerdings, dass Marx und Engels, dafür gibt es genügend Belegstellen, diesbezüglich ebenfalls ein Problembewusstsein hatten. Um es kurz zu machen: ein dogmatisches System wie der Histo- und Diamat ist ihnen fremd, auch wenn man Anknüpfungspunkte zur Konstruktion einer Weltanschauung finden konnte. Diese widerspricht aber immanent zentralen Punkten der von Marx angestoßenen kritischen Theorie. Problematische Aspekte wie die Geschichtsphilosophie und der Positivismus sind mit den zentralen Erkenntnissen der Ökonomie- und Erkenntniskritik sowie der dialektischen „Methode" bis ins Mark kritisierbar. Hier gibt es einfach verschiedene Schichten im Werk der beiden Kumpanen, die ich im Kern für Kritiker, nicht aber Dogmatiker halte. 2. Marx/Engels haben auf die gleiche polemische Art über die Anti-Autoritären hergezogen: weltfremde Literaten die rein gar nichts von konkreter politischer/revolutionärer Praxis verstehen. Ich denke es ist müßig sich dies-

---

Schriften. Band 5. Konflikt mit Marx. Teil 1: Texte und Briefe bis 1870. Berlin, 2004. S.92.

16 Karl Marx: ‚An Johann Philipp Becker' (17.April 1867), in: *MEW*. Band 31. Berlin, 1965. S.541. Hier: S.541.

17 F. Amelié: ‚Nachwort,' in: F. Amelié/H.D. Bahr/A. Krešic´/R. Rocker. *Anarchismus und Marxismus. Band 1.* Berlin, 1973. S.93-108. Hier: S.99.

bezüglich Zitate an den Kopf zu werfen. Ansonsten halte ich nichts von blinder Praxis, oder auch nur einem Primat des Kampfes über den der kritischen Reflexion. Im Zitat von F. Amelié schimmert m. E. eine Position durch, die implizit autoritär und funktionalistisch ist – sie gefährdet die Autonomie des Geistes, damit aber auch die der Kritik. Adorno hat in seinen *Marginalien zu Theorie und Praxis* diesbezüglich eigentlich alles gesagt.[18] Theorie ist als geistige Praxis die Antizipation von realer Freiheit – Denken ist die Sublimation von wohlbegründeter Wut, wie Adorno sagt. Das lässt sich bei weitem nicht von jeder unreflektierten Praxis behaupten.

PHILIPPE KELLERMANN: Du hast sicherlich Recht, dass es müßig ist, sich gegenseitig Zitate an den Kopf zu werfen, nur würde ich in dem hier vorliegenden Fall darauf beharren, dass Marx und Engels – welches „Problembewusstsein" sie bezüglich einer „absoluten" Theorie auch gehabt haben mögen – in der historischen Auseinandersetzung mit den AnarchistInnen ihre eigene Theorie als allgemeinverbindliche der Internationale zu oktroyieren versuchten, nämlich die *Partei*bildung und den parlamentarischen „Kampf". Ein solches Vorgehen lässt sich bei Bakunin oder dem anti-autoritären Flügel der Internationale meines Erachtens nicht nachweisen.

Ich möchte aber noch einmal betreffend der Marxschen Revolutionstheorie nachhaken: Gibt es überhaupt eine Marxsche Revolutionstheorie? Wenn ja, wie denkt Marx deiner Meinung nach Revolution und was ist hier problematisch und an was kann angeknüpft werden?

HENDRIK WALLAT: Das hängt natürlich davon ab, was man unter Theorie versteht. Ich würde bei Marx drei verschiedene – durchaus nicht miteinander vereinbare – Momente unterscheiden: 1. Begründungsversuche eines notwendigen Untergangs des Kapitalismus – entweder als Krisentheorie des Kapitals oder als notwendiger Fortschritt der Gesellschaftsformationen; 2. Die Idee der (ArbeiterInnen-)Selbstbefreiung; 3. Fetisch- und ideologiekritische Einsichten in die Unwahrscheinlichkeit einer Revolution, also eine Kritik der Revolutionstheorie. Variante 1 ist

---

18 Theodor W. Adorno: ‚Marginalien zu Theorie und Praxis', in: ders. *Kulturkritik und Gesellschaft II. Eingriffe/Stichworte*. Frankfurt am Main, 2003. S.759-782.

in beiden Versionen historisch mächtig und attraktiv gewesen, was von heute aus gesehen nicht immer leicht zu verstehen ist. Variante 2 beißt sich in vielerlei Hinsicht mit Variante 1, und doch hat Marx sie immer wieder kombiniert; er wollte die revolutionäre Befreiung der ArbeiterInnenklasse als prozessual abgesichert darstellen. Die Idee der proletarischen Selbstbefreiung wird so immer wieder durch Momente konterkariert, die an die Stelle durchaus ungewisser Kämpfe um Freiheit autoritäre Automatismen setzt. Variante 3 schließlich widerlegt implizit alle wesentlichen Grundannahmen der Marxschen Geschichtsphilosophie in Bezug auf den Klassenkampf, das proletarische Bewusstsein und den Fortschritt der Produktivkräfte. Marx' Ökonomiekritik ist eine Entzauberung der Revolutionstheorie in ihrer geschichtsphilosophen Variante; was ihn allerdings nicht davon abhielt, letztere in deklamatorischer Form auch in das *Kapital* einzuschmuggeln. Ich denke die Einsichten der Kritik der politischen Ökonomie in die Strukturen und Funktionsweisen kapitalistischer Vergesellschaftung sind so unhintergehbar wie ernüchternd. Sie sind aber keineswegs resignativ: wir haben es hierbei nicht mit einem totalen Verblendungszusammenhang zu tun, sondern mit einer widersprüchlichen Vergesellschaftung, die allerdings nicht automatisch und frei Haus ihre eigenen Totengräber mitliefert. Mit den ökonomiekritischen Einsichten kann man wichtige soziale Tatsachen und Entwicklungen erkennen und erklären, eine Anleitung für revolutionäre Praxis sind sie aber nicht. Für diese gibt es per se keine Gewissheit, da Selbstbefreiung nichts anderes sein kann als die Praxis der sich selbst Befreienden, was eben nicht wieder aus irgend etwas anderem als notwendig/sicher abgeleitet werden kann – trotz aller dialektischen Verrenkungen bleiben Notwendigkeit und Freiheit Widersprüche. Man kann die Möglichkeit, vielleicht auch so etwas wie positive Bedingungen der Befreiung konstatieren – diese findet ja nicht im historisch-sozialen Nichts statt –, nicht aber ihre Wirklichkeit deduzieren. Das schwingt noch in Marx' Zurückhaltung bezüglich der konkreten Ausgestaltung einer freien Gesellschaft mit, wobei ich das sogenannte „Bilderverbot" als durchaus ambivalent empfinde: einerseits ist es nicht möglich, eine zukünftige Freiheit aus dem Stande der Unfreiheit heraus zu entwerfen; die offene Zukunft autoritär zu schließen und ihre nicht endgültig bestimmbare Differenz zur Gegenwart zu negieren. Andererseits ist der-/diejenige, der/die die Wirklichkeit in Grund und Boden kritisiert, auch in einer gewissen Bringschuld. Wenn man sich das Elend und das Scheitern des real-existierenden Sozialismus anguckt, muss sich eine anti-kapitalistische Linke die Frage gefallen lassen, ob man mittlerweile was Besseres im Angebot hat. Hierzu reicht es eben nicht aus, immer nur darauf zu verweisen, wie es nicht gehen soll. Dies sind, wie ich finde, sehr wichtige, aber auch sehr schwierige Fragen, die allerdings nicht vom Schreibtisch aus zu beantworten sind. Es sind dies eigentlich Aufgaben einer kollektiven Praxis, die freilich theoretisch antizipierbar sind und diskutiert werden müssen – was ja Teil der Praxis wäre, auf deren revolutionäre Gestalt in einem gesamtgesellschaftlichen relevanten Maßstab ich jedoch nicht gerade wetten würde.

PHILIPPE KELLERMANN: Da du die Ambivalenz des marxistischen Bilderverbots ansprichst: Mir scheint, dass wir da an einem wichtigen Punkt angekommen sind, der auch für das Verhältnis zwischen marxistischer und anarchistischer Bewegung von Bedeutung ist. Denn gegen die Begründung, dass man die Zukunft nicht autoritär antizipieren kann und soll, lässt sich aus anarchistischer Perspektive wohl kaum etwas einwenden. Dennoch hat gerade die anarchistische Bewegung am Marxismus immer wieder bemängelt, dass dieser den revolutionären Übergang zwischen Gegenwart und Zukunft nicht ernsthaft miteinander vermitteln könne. Der von dir erwähnte Rudolf Rocker schrieb beispielsweise über die deutsche Novemberrevolution 1919: „Es war ein verhängnisvoller Fehler des Marxismus, jeden Versuch, Pläne und Richtlinien zur Gestaltung einer sozialistischen Gesellschaft zu entwerfen, als utopistisch abzutun, ein Fehler, für den die deutsche Arbeiterklasse am 9. November die Quittung bekommen hat. Man verließ sich darauf, dass der Sozialismus von selbst kommen würde, dass er dem kapitalistischen System entspringen müsse, wie der göttliche Funke dem Haupte der Minerva."[19] Wenn man sich dagegen die Geschichte der sozialistischen Bewegung Spaniens, die in erster Linie anarchistisch ausgerichtet gewesen ist, ansieht, wird der Kontrast noch deutlicher. Karl Korsch hat aus diesem Grund 1939 folgendes Lob – die spanische Revolution vor

---

19 Rudolf Rocker: ‚Prinzipienerklärung des Syndikalismus' (1919), in: ders./F. Barwich/E. Gerlach/A. Lehning/H. Rüdiger. *Arbeiterselbstverwaltung/Räte/Syndikalismus*. Berlin, 1979. S.7-42. Hier: S.33.

Augen – ausgesprochen: „Die für diese Aufgabe seit langen Jahren in einem unablässig erneuerten und von den großen Städten bis in die entlegensten Landwinkel hinausgetragenen unaufhörlichen Gespräch ausgiebig vorbereitete syndikalistische und anarchistische Arbeiterbewegung Spaniens, wusste über ihre eigenen ökonomischen Ziele Bescheid und hatte über die ersten praktischen Schritte zur Erreichung dieser Ziele im Ganzen eine viel realistischere Vorstellung als sie die sogenannte ‚marxistische' Arbeiterbewegung im übrigen Europa in ähnlichen Situationen zeigte."[20] Und man kann nun wohl kaum sagen, dass diese Vorbereitung ein autoritäres Modell vorwegnahm und durchsetzte – sie verhinderte dies vielmehr weitgehend![21] Muss man also die Rolle des „Bilderverbots" nicht vor allem vor diesem Hintergrund der Geschichte der sozialistischen Bewegung insgesamt betrachten?

HENDRIK WALLAT: Sicherlich muss man das. Ich denke fatal war beinahe weniger das „wissenschaftliche" Utopie-/"Bilderverbot" als der pseudo-wissenschaftliche, optimistische Geschichtsevolutionismus, dem eine bestimmte Interpretation der Entwicklungsrichtung des Kapitalismus zugrunde lag. In zweierlei Hinsicht wirkte sich diese schon angesprochene marxistische Geschichtsphilosophie hoch problematisch aus. Einerseits wiegte sie die ArbeiterInnenbewegung in der falschen Hoffnung auf der sicheren Seite, auf der Seite der SiegerInnen der Geschichte zu sein, da der Kapitalismus angeblich „naturnotwendig" dem Untergang geweiht sei; entsprechend konnte man eine attentistische Haltung mit recht guten Gewissen einnehmen. Andererseits, was wohl noch schlimmer ist, war mit dieser Haltung eine Vorstellung verbunden, die davon ausgeht, dass der Kapitalismus eigentlich schon von sich aus zum Sozialismus übergeht: also dass Monopolkapitalismus,

---

20 Karl Korsch: ‚Die Kollektivierung in Spanien' (1939), in: ders. *Schriften zur Sozialisierung*. Frankfurt am Main, 1969. S.118-126. Hier: S.121.

21 Nachtrag: Zu einer Problematisierung der Ereignisse in Spanien, die ich mittlerweile etwas kritischer sehe, siehe meine Bemerkungen in: Philippe Kellermann: ‚Das Schwere, das schwer zu machen ist. Erbauliches zum 10.Geburtstag der *Grundrisse'*, in: *Grundrisse. Zeitschrift für linke Theorie und Debatte*. Nr.40. Winter 2011. S.39-49; und Philippe Kellermann: ‚Ernüchterung und Scham. Über ein verloren gegangenes ›Geschichtszeichen‹ (Kant)', in: *Graswurzelrevolution*. Nummer 365. Januar 2012. S.20.

Imperialismus oder wie auch immer die Schlagwörter heißen mögen, eigentlich schon quasi-sozialistische Produktion sind. Man müsse sie halt nur von ihrer kapitalistischen Hülle, d.h. von der schmarotzenden KapitalistInnenklasse befreien. Lenins Lob der Fabrikdisziplin und von Staatsunternehmen wie der Post sind hierfür ein Beispiel unter vielen; diese Vorstellung teilten KommunistInnen wie SozialdemokratInnen: Sozialismus als gesamtgesellschaftlich geplante Fabrik. Dabei werden aber zwei grundlegende Dinge übersehen: zum einen beruht eine solche Sichtweise auf der Verkennung des spezifisch (un-)gesellschaftlichen Charakters kapitalistischer Produktion. Seit Engels hat sich hierfür das Schlagwort vom Grundwiderspruch von gesellschaftlicher Produktion und privater Aneignung eingebürgert; gegeißelt als „Anarchie des Marktes". Dabei wird verkannt, dass kapitalistische Produktion immer Privatproduktion (von Waren) ist, auch wenn diese im gesellschaftlichen Maßstab betrieben wird. Konzentration und Zentralisation heben das „planlose" Wertgesetz nicht auf, so wenig wie mit ihnen die spezifischen Formen kapitalistischer (Mehr-)Wertproduktion und -zirkulation verschwinden. Es ist dann nicht mehr die kapitalistische Formspezifik der Arbeit sowie der bestimmende kapitalistische Verwertungszwang der zur Kritik steht, sondern nur die private Aneignungsweise; produziert werde ja schon quasi-sozialistisch. Zum anderen wird übersehen, und hier wiederholt sich die formanalytische Blindheit, dass sich die Entwicklung der Produktivkräfte eben nicht allein technologisch-immanent und gesellschaftlich-indifferent vollzieht, sondern durch den Zweck der Kapitalverwertung bestimmt wird. Marx nannte dies die reelle Subsumtion der Arbeit unter das Kapital: Technologie wie Arbeitsorganisation sind durch den Verwertungszwang formbestimmt, und eben keine wertneutralen Instrumentarien; in ihnen ist Herrschaft inkorporiert. Also auch in Bezug auf die industrielle Produktion, ihre Technologien und Arbeitsorganisation gilt, dass das Problem nicht ist, dass sie von KapitalistInnen angewandt werden, sondern dass sie selbst materialisierter Ausdruck der kapitalistischen Produktion sind. Zur Kritik steht deshalb nicht allein der Privatbesitz an Produktionsmitteln, sondern die kapitalistische Formspezifik der Arbeit, die Art und Weise der ökonomischen (Re-)Produktion *in toto*. Der Grundfehler der hier angesprochenen Kapitalismus- und, damit eng verbunden, Sozialismuskonzeption ist also ihre formanalytische Blindheit, welche die historische und soziale Spezifik kapitalistischer Vergesellschaftung und Herrschaft nicht zu erkennen vermag. Im Politischen äußerst sich diese, wenn der Staat als bloßes Instrument verstanden wird, das in den richtigen Händen – der ArbeiterInnenpartei – sich von einem Mittel der bürgerlichen Herrschaft zu einem der proletarischen Befreiung transformiert. Auch hierbei wird übersehen, dass der moderne Staat ein historisch spezifisches Herrschafts- und Gewaltverhältnis mit einer eigenen materiellen Dynamik ist, das eine notwendige soziale Vermittlungsform kapitalistischer Vergesellschaftung darstellt, von der er nicht einfach beliebig zweckentfremdet werden kann. Insgesamt läuft das alles auf eine Sozialismuskonzeption hinaus, die sich bloß als eine effizientere Ökonomie begreift, die aufgrund ihrer Produktivität dem anarchischen Kapitalismus überlegen ist, welchen man wiederum eigentlich nur von seinen KapitalistInnen befreien muss: das Proletariat hebt sich hier nicht selbst auf, sondern universalisiert sich. Um auf deine Frage zurückzukommen: das alles war fatal in der marxistischen ArbeiterInnenbewegung. Und in der Tat wird man bei Überlegungen über die konkrete Gestaltung post-kapitalistischer Ökonomien auf den Erfindungsreichtum und Erfahrungsschatz gerade der nicht-marxistischen ArbeiterInnenbewegung zurückgreifen können, auch wenn diese sicher nicht fertige Rezepte für die Gegenwart liefert. Hierfür braucht es kollektive soziale Phantasie, die ein historisches Gedächtnis benötigt: um alte Fehler zu vermeiden, aber auch um verdrängte Möglichkeiten zu erinnern und zu erneuern.

PHILIPPE KELLERMANN: Verbleiben wir einen Moment bei der von dir angesprochenen Frage nach dem Staat. In deinem Buch *Das Bewusstsein der Krise* schreibst du, dass die (strategische) Frage, ob es um eine „Eroberung (Marxisten) oder „Zerstörung (Anarchisten) der politischen Macht" gehen müsse, „*das* Streitthema der Ersten Internationalen" gewesen sei. Marx habe mit seiner „Zweiphasentheorie", so führst du weiterhin aus, „dem Etatismus sowohl der sozialdemokratischen als auch der bolschewistischen Arbeiterparteien zugearbeitet und die anarchistische Staats- und Politikkritik zumindest tendenziell falsch eingeschätzt".[22] Inwiefern muss also auch an Marx der Vorwurf einer

---

22 Hendrik Wallat: *Das Bewusstsein der Krise. Marx, Nietzsche und die Emanzipation des Nichtidentischen in der politischen Theorie*. Bielefeld, 2009. S.121.

„formanalytischen Blindheit" in der Frage des Staates gemacht werden? Und was hat Marx an der anarchistischen Staats- und Politikkritik „tendenziell falsch eingeschätzt"? Liest man nämlich deine Ausführungen in dem schon erwähnten Aufsatz in der *Prokla* hat man eher den Eindruck, dass Marx höchstens seine eigene Theorie nicht recht verstanden hat, vom Anarchismus aber nicht wirklich etwas zu lernen sei, da dieser – in *Bewusstsein der Krise* zitierst du Kornelia Hafner zustimmend –, nur gegen „eine vorbürgerliche Form" kämpfe, gegen den „stummen Zwang der Verhältnisse" aber „machtlos" bleibe[23].

HENDRIK WALLAT: Marx hat keine Politik- und Staatstheorie erarbeitet, die dem Niveau und den Einsichten der „Kritik der politischen Ökonomie" entspricht. Viele Aussagen von Marx und Engels in Bezug auf den bürgerlichen Staat fallen hinter die eigene Analyse moderner Herrschaft zurück. Die materialistische Staatstheorie und -kritik geht daher ja auch im Wesentlichen nicht von expliziten Ausführungen von Marx/Engels aus, sondern arbeitet eher am Theorieprogramm der Ökonomiekritik als kritischer Theorie moderner Vergesellschaftung aufbauend weiter. Dies macht vielleicht mehr Arbeit, was aber nicht weiter schlimm ist; es geht ja nicht um die Exegese heiliger Texte oder die Verkündung ewiger Wahrheiten. Man darf zudem nicht vergessen, was gerade auch in Bezug auf den anarchistischen Staatshass von Bedeutung ist, dass im 19. Jahrhundert der bürgerliche Staat ja tatsächlich in weitem Maße nicht „seinem Begriff" entsprach: er war mit vormodernen ständischen Strukturen durchsetzt, ein wirklich exklusiver Klassenclub mit entsprechendem Regierungsapparat und willfähriger Justiz. Direkte Formen undemokratischer Klassenknechtung und repressiver Gewalt waren also keine Hirngespinste der ArbeiterInnenbewegung. In politischer Hinsicht ist es allerdings problematisch, dass Marx und Engels – bei aller Kritik des (Lassalleschen) Staatssozialismus – in Auseinandersetzung mit den AnarchistInnen, deren Staatskritik nur als naiv und lächerlich darstellten. Es wurde dabei nicht nur der (sozialdemokratische) Weg in Richtung Parlament und Partei tendenziell schon eingeschlagen,

---

23 Kornelia Hafner zitiert nach Hendrik Wallat: *Das Bewusstsein der Krise. Marx, Nietzsche und die Emanzipation des Nichtidentischen in der politischen Theorie*. Bielefeld, 2009. S.367.

sondern auch das Problem der Verewigung von Herrschaft und Konzentration von Macht in der sogenannnten Diktatur des Proletariats als nichtig erklärt – zwei fatale Entwicklungen. Und hieran konnte später der autoritäre Parteikommunismus zumindest anschließen, auch wenn Marx und Engels m.E. einen wesentlich anderen Begriff von Diktatur hatten als etwa Lenin. Wenngleich ich zu meinen zentralen Aussagen in Bezug auf (das Potential von) Marx' Staats- und Sozialismuskritik nach wie vor stehe, habe ich mittlerweile eine kritischere Meinung im Hinblick auf den geschichtlichen Marx. Zum einen halte ich ihn nach wie vor nicht für den Begründer eines autoritären Kommunismus wie er im Bolschewismus auftrat, zum anderen konnte dieser aber zweifelsohne in bestimmten Aspekten an Marx anknüpfen: eben nicht zuletzt in Bezug auf den „revolutionären Staat", die Machteroberung und die giftige Anarchismuskritik. Zu diesen Einsichten bin ich erst die letzten ein, zwei Jahre im Zuge meiner Forschungen zur linken Kritik am Bolschewismus gekommen. Ich habe dabei einerseits dann doch mehr die problematischen Aspekte im Marxschen Erbe fokussiert – meinen vorherigen Arbeiten ging es um eine Aktualisierung, die Probleme nicht verschweigt, aber gegenüber dem Weiterzuführenden bewusst vernachlässigt – und andererseits viele anarchistisch orientierte Schriften gelesen, die ich nur als sehr hell- und weitsichtig bezeichnen kann. Ich habe also angefangen mir die anarchistische Tradition, ohne marxistische Polemik anzueignen. Auch hier meine ich nach wie vor, dass die anarchistische Kritik von Staat und Herrschaft in vielerlei Hinsicht defizitär war/ist. Durch die Bank hat sie aber sehr genau die hochproblematischen, im Kern autoritären Aspekte des Marxismus immer wieder treffend kritisiert. Im Übrigen stilistisch – und dies ist durchaus nicht arbiträr – in einer erfreulich unpolemischen Form; natürlich kann man sofort die furchtbaren antisemitischen Ausfälle von Bakunin als Gegenbeispiel anführen. Diese unpolemische Form war den MarxistInnen und späteren ParteikommunistInnen überaus fremd; allein der Tonfall in Lenins Schriften ist bereits sehr erschreckend. Wollten die KommunistInnen schon dem Stil nach den politischen Gegner vernichten, so bleiben die AnarchistInnen fair und oft erstaunlich undogmatisch – und zollen Marx durchaus Respekt, wo dieser ihn verdient. Jedenfalls war dies mein positiver Eindruck von den anarchistischen Schriften, die ich rezipiert habe, und der sich wohl auch an weiteren Beispielen belegen ließe.

PHILIPPE KELLERMANN: Zuerst möchte ich kurz deinen Hinweis auf die Differenz im Stil aufgreifen. Hier meine ich, dass man Bakunin durchaus auch zu jenen zählen kann, die „Marx durchaus Respekt" gezollt haben, „wo dieser ihn verdient". Mit den „furchtbaren antisemitischen Ausfällen" sprichst du, vermute ich, vor allem auf den (unveröffentlicht gebliebenen) Text unter dem Titel „Persönliche Beziehungen zu Marx" an. Nun: selbst dieser Text beginnt mit der Feststellung, dass Marx der „Sache des Proletariats leidenschaftlich ergeben" sei und „niemand das Recht" habe, daran „zu zweifeln", diene dieser der Sache schließlich „seit bald dreißig Jahren mit nie verleugneter Ausdauer und Treue".[24] Bakunin gibt dann ohne weiteres zu: „Er war damals [in den 1840er Jahren] viel vorgeschrittener als ich, so wie er noch heute zwar nicht vorgeschrittener, aber unvergleichlich gelehrter ist als ich"[25]. Und er endet mit einem Lob des *Kapital*, das er als „äußerst wichtige[s], gelehrte[s], tiefe[s], obgleich sehr abstrakte[s]" Werk bezeichnet[26], wobei er wiederum generell betont, dass alles „bedeutend, ernst und tief" sei, was aus Marx' „Feder" komme, außer, wenn er "persönliche Polemik betreibt"[27].

Marx und Engels dagegen ließen sich wie folgt über Bakunin aus: ein „Ungeheuer, a huge mass of flesh and fat" (MEW 30, 372), ein "Esel"[28], ein „Scharlatan und *Ignorant*"[29] oder „Ochse[.]"[30]. Bakunin sei ein „moskowitische[r] Diktator[.]"[31] und ein „fette[r] (...) verdammte[r]

---

24 Michael Bakunin: ‚Persönliche Beziehungen zu Marx' (1871), in: ders. *Staatlichkeit und Anarchie und andere Schrift*en. Frankfurt am Main/Berlin/Wien, 1972. S.395-410. Hier: S.396.

25 Ebd. S.403.

26 Ebd. S.409.

27 Ebd. S.408.

28 Karl Marx: ‚An Paul und Laura Lafargue' (19.April 1870), in: *MEW*. Band 32. Berlin, 2009. S.673-678. Hier: S.675.

29 Ebd. S.674.

30 Friedrich Engels: ‚An Karl Marx' (18.Dezember 1868), in: *MEW*. Band 32. Berlin, 2009. S.235-237. Hier: S.237.

31 Karl Marx: ‚An Paul und Laura Lafargue' (19.April 1870), in: *MEW*. Band 32. Berlin, 2009. S.673-678. Hier: S.676.

Russe[.]"[32]. Sein Denken sei „eine „Kinderfabel"[33], ein „Schwindel"[34], er „und seine Apostel [haben] von der Theorie keine Ahnung"[35]. Als „Mohammed[.] ohne Koran"[36] verfüge er nur über „ein rechts und links oberflächlich zusammengeraffte[n] Mischmasch"[37], propagiere mit seinen „gedankenlose[n] Schwätzereien" und „hohlen Einfällen"[38] nur einen „Phantasie-Sozialismus"[39]. Und deshalb gelte: „Für Herrn Bakunin war und ist die Doktrin (sein aus Proudhon, St. Simon etc. zusammengebettelter Quark) Nebensache – bloß Mittel zu seiner persönlichen Geltendmachung."[40] Vor diesem Hintergrund kam nicht nur Otto Rühle zu dem Ergebnis: „Es muss konstatiert werden, dass Bakunin die gegen ihn geführten Streiche nie mit gleicher Waffe heimgezahlt hat. (…) Im Gegenteil, trotz schlimmster Erfahrungen hatte er sich in seinem Herzen (…) sachliche Gerechtigkeit und persönliche Noblesse bewahrt".[41] Mir scheint jedenfalls, dass Lenin in der Frage des Stils nicht ohne Vorläufer war, schließlich hatte ja auch schon Marx den Anarchismus aus der ArbeiterInnenbewegung exkommuniziert: „Die Geschichte beweist (…): Die ‚Anarchisten'-Richtung ist kein ‚Extrem' der deutschen Sozialdemokratie (…). Dort handelt es sich um die wirkliche

---

32 Friedrich Engels: ‚An Karl Marx' (30.Juli 1869), in: *MEW*. Band 32. Berlin, 2009. S.353-354. Hier: S.354.

33 Karl Marx: ‚An Friedrich Bolte' (23.November 1871), in: *MEW*. Band 33. Berlin, 1966. S.327-333. Hier: S.329.

34 Karl Marx: ‚An Paul und Laura Lafargue' (19.April 1870), in: *MEW*. Band 32. Berlin, 2009. S.673-678. Hier: S.676.

35 Ebd. S.674.

36 Ebd. S.675.

37 Karl Marx: ‚An Friedrich Bolte' (23.November 1871), in: *MEW*. Band 33. Berlin, 1966. S.327-333. Hier: S.329.

38 Karl Marx: ‚Konfidentielle Mitteilung' (1870), in: *MEW*. Band 16. Berlin, 1964. S.409-420. Hier: S.409.

39 Karl Marx/Friedrich Engels: ‚Ein Komplott gegen die Internationale Arbeiter-Assoziation' (1873), in: *MEW*. Band 18. Berlin, 1964. S.327-471. Hier: S.336.

40 Karl Marx: ‚An Friedrich Bolte' (23.November 1871), in: *MEW*. Band 33. Berlin, 1966. S.327-333. Hier: S.329.

41 Otto Rühle: *Karl Marx. Leben und Werk.* (1928) Haarlem, 1974. S.342.

historische Bewegung der Arbeiterklasse; die andre ist ein Phantombild der jeunesse sans issue, die Geschichte machen wollen, und zeigt nur, wie die Ideen des französischen Sozialismus in den hommes déclassés der höheren Klassen sich karikieren. Demgemäß ist der Anarchismus faktisch überall unterlegen und vegetiert nur, wo es noch keine wirkliche Arbeiterbewegung gibt. Dies die Tatsache."[42]

Entschuldige bitte diese etwas ausschweifenden Ausführungen, aber aufgrund der immer noch zahlreich im Umlauf seienden Vorstellungen von Bakunin als einem Spalter und Sektier scheinen mir diese gerechtfertigt.

Bestritten sind damit jedenfalls nicht die von dir erwähnten antisemitischen Ausfälle, deren Rolle für das Denken Bakunins – im Übrigen wie auch der Hass auf die „unterentwickelten" Völker bei Marx und Engels – zu diskutieren wären.

Ich will aber noch mal bei der Staatsfrage nachhaken. Wenn ich dich richtig verstehe, siehst du im Marxschen Denken implizit die niveauvollste Staatstheorie angelegt. Könntest du kurz erläutern, inwiefern die „anarchistische Kritik von Staat und Herrschaft in vielerlei Hinsicht defizitär war/ist"?

HENDRIK WALLAT: Wie gesagt, Marx als Politiker der ArbeiterInnenbewegung betrachte ich mittlerweile kritisch(er). Die Zitate sprechen in der Tat dafür, dass der Krieg gegen einen libertären Kommunismus auch Wurzeln bei Marx hat. Das ist wohl ebenso wenig zu bestreiten, wie die erschreckende, gewaltlüsterne Slawophobie von Marx und Engels. Dies ist nicht zu leugnen, wie ich auch deinem positiven Statement bezüglich Bakunin nichts entgegensetzen will und kann; Marx' wenig erfreuliche Rolle in diesem Kontext – persönlich wie politisch – scheint mir mittlerweile ein Faktum der Geschichte zu sein. Doch dies bei Seite, und zurück zur Staatstheorie. Die (einmal dahingestellt, ob es sie in solch einfacher, gleichsam idealtypischer Variante überhaupt gibt) anarchistische Staatstheorie/kritik erscheint mir in zwei Punkten als im Kern defizitär: 1. Die normative wie empirische Gegenüberstellung von Natur und Staat/Herrschaft. Nehmen wir den von mir geschätz-

---

42 Karl Marx: ‚Konspekt der Reichstagsdebatte über das Sozialistengesetz' (1878), in: *MEW*. Band 34. Berlin, 1966. S.489-500. Hier: S.497f.

ten Anarchosyndikalisten Rudolf Rocker: rechnet er einerseits völlig treffend dem marxistischen Geschichtsevolutionismus vor, dass eine prinzipielle Differenz zwischen Geschichte/Gesellschaft auf der einen Seite und Natur auf der anderen Seite besteht – dieser Hiatus ist die Freiheit des menschlichen Handelns – so nennt er selbst den Staat ein unnatürliches, künstliches Gebilde, was die Herrschenden der organischen Gesellschaftsentwicklung willkürlich übergestülpt haben; auch die Rätedemokratie wird als natürliche Form der Vergesellschaftung deklariert, die, anders als der Staat, sich, wie angeblich die gesamte Natur, „von unten nach oben" formiere. Ich halte diese Annahmen für theoretisch verkehrt – sie sind der naturalistische Fehlschluss des Anarchismus – und für empirisch nicht haltbar – ein anarchistisches Glaubensdogma; dies heißt nicht, dass ich meine, dass es von Natur aus Herrschaft gibt oder geben muss, dass diese so lange existiert, wie Menschen in Gesellschaft leben. 2. Neigt der Anarchismus dazu, so die nicht ganz unberechtigte marxistische Standardkritik, den Staat sowohl in eine (negative) Allmacht zu verwandeln als auch ihn, wie im Marxismus häufig selbst der Fall, als ein beliebiges Instrument in der Hand der Herrschenden misszuverstehen. Wie auch von Lenin, und vor ihm von Engels, und nicht selten von Marx selbst, werden die Differenzen zwischen vormodernen und modernen kapitalistischen Herrschaftsverbänden und Vergesellschaftungmodi negiert. Und was deren Spezifik, also das „Wesen" abstrakter moderner Herrschaft ausmacht, dem ist, so weit ich sehe – über Foucault und Luhmann ließe sich reden – keiner so sehr auf die Schliche gekommen, wie Marx in seiner reifen Ökonomiekritik: das Kapital als selbstzweckhaftes *principium synthesis* der Gesellschaft, die als verselbstständigte soziale Totalität – deren wesentliche, vermittelnde Momente der Staat und das Recht sind – die Menschen strukturell beherrscht, um es mal verkürzt zu sagen. Herrschaftsverhältnisse bestehen genauso fort, wie sie am Ende das Resultat von Gewalt sind, die sie bis heute aufrechterhält. Diese Herrschaft ist aber vermittelt. Sie wandert in die soziale Form der ökonomischen Produktion selbst ein. Sie erscheint als das System des bürgerlichen Eigentums, das den juristischen Ausdruck der spezifischen sozialen Form kapitalistischer Vergesellschaftung abgibt. Und so ist auch der Staat nicht ein Gewaltapparat der Herrschenden oder der KapitalistInnen, der die Beherrschten unmittelbar und willkürlich mit unberechenbarer Gewalt knechtet, sondern die politische Vermittlungsform kapitalistischer Herrschaft; deren ökonomische Reproduktionsformen bestimmen auch die wesentlichen Formen des bürgerlichen Staats, was nicht mit einer ökonomistischen Deduktion konkreter Politik misszuverstehen ist. Der Staat geht dabei nicht in seiner Gewalt- und Repressionsform auf, und diese sind selbst historisch formbestimmt: rechtlich vermittelt durch das allgemeine Gesetz, welches die Klassengesellschaft durch die Anerkennung freier und gleicher Subjekte hindurch reproduziert. Diese hier völlig verkürzt wiedergegeben Einsichten sind zentral für die Theorie und Kritik moderner kapitalistischer Herrschaft. Und ich sehe nicht, wo diesbezüglich im Anarchismus ähnliche Einsichten in ihre Struktur und Funktion produziert wurden. Diesem liegt doch eher das Modell des Geknechteten, des Sklaven, des durch unmittelbare Gewalt und Herrschaft Erniedrigten zu Grunde – mehr als respektabel, aber eben historisch wie analytisch begrenzt. Wo der Anarchismus durch die Bank indessen ungleich hellsichtiger war, ist die Einsicht in die Verselbstständigungtendenzen jeder Gewalt und Macht, sei diese auch vermeintlich proletarisch und/oder revolutionär. Der Marxismus war diesbezüglich erblindet durch den Glauben an eine absurde dialektische Geschichtsmagie.

PHILIPPE KELLERMANN: Erst einmal danke für diese anschauliche Darstellung äußerst komplexer Probleme. Was den „naturalistischen Fehlschluss des Anarchismus" angeht, scheint mir dies eine durchaus berechtigte Kritik zu sein, vor allem was das anarchistische Denken im Anschluss an Kropotkin betrifft. Wobei man auch hier noch einmal genauer diesen Naturbegriff untersuchen müsste. So oder so halte ich es aber für mehr als fragwürdig, diese Vorstellung *dem* Anarchismus zu unterstellen. Bakunin beispielsweise meinte: „Alle Menschen besitzen einen natürlichen Instinkt des Befehlens (…). Und unausweichlich findet sich dieses verfluchte Prinzip als natürlicher Instinkt in jedem Menschen wieder, die besten nicht ausgenommen. Jeder trägt den Keim davon in sich und jeder Keim muss bekanntlich nach einem Grundgesetz des Lebens sich entwickeln und wachsen, sobald er in seinem Milieu günstige Entwicklungsbedingungen findet. Diese Bedingungen sind in der menschlichen Gesellschaft die Dummheit, Unwissenheit, teilnahmslose Gleichgültigkeit und knechtischen Gewohnheiten in den Massen, so dass man mit gutem Recht sagen kann, dass die Massen selbst diese Ausbeuter, Unterdrücker, Despoten und Henker der Menschheit hervorbringen, deren Opfer sie sind. (…) In einer intelligenten, aufgeweckten, ihre Freiheit eifersüchtig wahrenden, zur Verteidigung ihrer Rechte entschlossenen Gesellschaft dagegen werden die egoistischsten, bösartigsten Menschen notwendigerweise gut. (…) Es ist also klar, dass das Fehlen beständiger Opposition und Kontrolle unvermeidlich eine Quelle der Verdorbenheit für alle mit irgendeiner sozialen Macht betrauten Personen ist, und dass diejenigen unter ihnen, denen am Herzen liegt, ihre persönliche Moralität zu retten, Sorgen tragen sollten, zunächst diese Macht nicht zu lange zu behalten und ferner solange sie dieselbe behalten, gegen sich selbst diese Opposition und heilsame Kontrolle ins Leben zu rufen."[43] Mir scheint dann auch, dass die hier von Bakunin vertretene Position, die ja auch eine grundsätzliche des Anarchismus ist, nämlich alles zu tun, um Machtballungen zu verhindern – im Widerspruch zu der Vorstellung einer wie auch immer begründeten „guten Natur" des Menschen steht.

Was ich nun aber fragen möchte, ist etwas, was mich schon an deinen Ausführungen im *Prokla*-Aufsatz irritiert hat: wie passt es zusammen, einerseits dem Anarchismus vorzuwerfen, dass er dem Staat zu viel Macht zuspricht, ihn aber andererseits für seine „Einsicht in die Verselbstständigungstendenzen jeder Gewalt und Macht" zu loben?

HENDRIK WALLAT: Ein schönes Bakuninzitat, das deutlich macht, wie schief Verallgemeinerungen und Vereinfachungen zumeist liegen. Das betrifft ja auch klassische Texte des „Arbeiterbewegungsmarxismus", die trotz Ökonomismus und/oder Fortschrittsgläubigkeit durchaus bleibende Einsichten bergen und häufig differenzierter argumentieren als man teilweise denkt. Insgesamt ist eh vor einer unhistorischen Lesart zu warnen, die die historische Vermittlung des vergangenen wie des gegenwärtigen Bewusstseins unterschlagen muss. Doch zu deiner Frage, die ich jetzt einmal kurz und knapp beantworte: Ich sehe in beiden Feststellungen keinen (notwendigen) Widerspruch. Einerseits hatte der Anarchismus, so weit er mir bekannt ist, in der Tat Hellsichtigkeit bewiesen in Bezug auf die Eigendynamik von Gewaltpraxis und

---

43 Michael Bakunin: ‚Protest der Allianz' (1871), in: ders. *Staatlichkeit und Anarchie und andere Schriften*. S.348-394. Hier: S.350f..

Machtstrukturen. Dieser Sachverhalt würde besonders deutlich werden im Vergleich zum Marxismus; fraglich bleibt allerdings, ob nicht auch der Anarchismus ein institutionstheoretisches Defizit in Hinblick auf den Vermittlungsbedarf komplexer Gesellschaften aufweist. Andererseits ist eben, anders als im Anarchismus bisweilen dargestellt, der Staat nicht die einzige Quelle und/oder Erscheinung von Macht und Unterdrückung und auch nicht das bestimmende Zentrum der Gesellschaft. Was diesen Sachverhalt betrifft, stimmen übrigens so heterogene Sozialtheoretiker wie Marx, Foucault und Luhmann überein, die mit einem solchen Staatsbegriff gründlich aufgeräumt haben.

PHILIPPE KELLERMANN: Du erwähnst, dass es falsch wäre, den Staat für „das bestimmende Zentrum der Gesellschaft" zu halten und in *Bewusstsein der Krise* hast du in diesem Sinne an den Anarchismus den Vorwurf gerichtet, dass dieser an die Allmacht des Staates glaube.[44] Anmerken möchte ich hierzu nur, dass (nicht nur) Rudolf Rocker gerade dies wiederum den Bolschewiki zum Vorwurf machte, wenn er meinte: „Als Kommunisten erkannten sie [die Bolschewiki], dass die Ideale der großen [Französischen] Revolution, wie sie dieselben verstanden, nur durch die Lösung der wirtschaftlichen Frage verwirklicht werden könnten. Als Jakobiner aber glaubten sie, dieses Ziel nur mit Hilfe einer mit außerordentlichen Vollmachten versehenen Regierung durchsetzen zu können. Der Glaube an die *Allmacht des Staates*, der im Jakobinertum seine extremste Form erreicht hatte, war ihnen zu sehr in Fleisch und Blut übergegangen, als dass sie einen anderen Weg hätten sehen können."[45] Ich finde auch deinen Hinweis auf Foucault etwas problematisch, denn meines Erachtens unterschätzt Foucault die Rolle des Staates, wie vor allem seine Stellungnahmen zum Verlauf der Russischen Revolution zeigen. So erklärt er in einem Interview: „Es stimmt sicherlich, dass die Sowjets die Eigentumsordnung und die Rolle des Staates in der Überwachung der Produktion verändert, aber, was den Rest betrifft, die im kapitalistischen Europa eingesetzten Verwal-

---

44 Hendrik Wallat: *Das Bewusstsein der Krise. Marx, Nietzsche und die Emanzipation des Nichtidentischen in der politischen Theorie.* Bielefeld, 2009. S.367.

45 Rudolf Rocker: *Der Bankerott des russischen Staatskommunismus* (1921). Berlin, 1968. S.108. Hervorhebung von mir.

tungs- und Machttechniken für sich übernommen haben."⁴⁶ Haben die Bolschewiki die Rolle des Staates wirklich so grundlegend verändert? Kann man – so wäre aus anarchistischer Perspektive fragen – den Staat einfach „ändern"? Eine ähnliche, meines Erachtens die Eigendynamik des Staates und dessen Form unterschätzende Aussage macht Foucault auch in seiner Vorlesungsreihe über *Die Geburt der Biopolitik*: „Ich möchte Ihnen auch nahe legen, dass dieser Staat, den man totalitär nennen kann, weit davon entfernt, durch die Intensivierung und endogene Ausdehnung der staatlichen Mechanismen charakterisiert zu sein, dass dieser sogenannte totalitäre Staat keineswegs eine Übersteigerung des Staates ist, sondern im Gegenteil eine Begrenzung, eine Verringerung, eine Unterordnung der Autonomie des Staates, seiner Besonderheit und seiner eigentümlichen Funktionsweise darstellt. Und zwar im Verhältnis zu wozu? Im Verhältnis zu etwas anderem: der Partei."⁴⁷ Hier stellt sich eine ähnlich Frage: Ist eine Partei in der Lage, die Form der Staatlichkeit selbst zu dominieren? Nicht, dass die Bedeutung der Spezifik des Bolschewismus geschmälert werden sollte, aber mir scheint das Problem nicht primär in der Parteiform des Bolschewismus zu liegen, sondern in der Verkoppelung einer bestimmten Partei- und Politikkonzeption, die selbst schon als vorweggenommener Staatsapparat konzipiert ist, mit der (bestehenden) Staatsform. Tendiert die Foucaultsche Fokussierung auf Kräfteverhältnisse nicht dazu, strukturelle Formzwänge zu unterschätzen? Handelt sich Foucault nicht ähnliche Probleme wie der Marxismus ein, wenn er den Staat als „Überbauphänomen"⁴⁸ charakterisiert? Ingo Stützle hat meines Erachtens zu Recht im Hinblick auf Poulantzas betont, dass, wird die „Formbestimmung des Politischen nicht vorgenommen, (…) man Gefahr" laufe, „diese allein in Kräfteverhältnisse aufzulösen".⁴⁹

---

46 Michel Foucault: ‚Verbrechen und Strafen in der UdSSR und anderswo' (1976), in: ders. *Schriften*. Band 3. Frankfurt am Main, 2003. S.83-98. Hier: S.86.

47 Michel Foucault: *Die Geburt der Biopolitik. Vorlesung am Collège de France (1978-79)*. Frankfurt am Main, 2004. S.267.

48 Michel Foucault: ‚Gespräch mit Michel Foucault' (1976), in: ders. *Schriften*. Band 3. Frankfurt am Main, 2003. S.186-213. Hier: S.201.

49 Ingo Stützle: ‚Staatstheorien oder ›BeckenrandschwimmerInnen der Welt vereinigt euch!‹', in: Associazione delle talpe/Rosa-Luxemburg-Stiftung Bremen (Hg.):

Nun hast du an den Anarchismus den Vorwurf gerichtet, dass er keine materialistische Analyse der „Form" Staat entwickelt und in deinem Buch zur linken Bolschewismuskritik verweist du auf ein komplementär reduktionistisches Staatsverständnis bei Lenin und Rudolf Rocker, insofern beide den Staat als „Instrument der herrschenden Klasse" verstehen würden. Mir aber scheint, dass sich hinter dieser sowohl von Rocker als auch von Lenin benutzten Formel durchaus ein unterschiedliches Verständnis von Staatlichkeit steht. Denn bei Rocker ist der Staat eine strukturelle Form der Gesellschaftsorganisation, die letztlich nur dazu dienen kann eine Herrschaftsstruktur zu reproduzieren, zu forcieren oder in Gang zu Setzen. Dieser Effekt liegt aber nicht im Willen einer herrschenden Klasse begründet, sondern in der Form Staat selbst, die sich auch gegen die besten, sprich emanzipatorischsten Absichten jener durchsetzt, welche den Staatsapparat als Instrument, bzw. Werkzeug benutzen zu können meinen.

Vielleicht könntest du erläutern, inwiefern der Anarchismus „die differenzierte Formspezifik von Herrschaft" nicht wahrgenommen hat und vor allem, was das deiner Meinung nach für strategische Konsequenzen hat(te)? An einer Stelle deines *Prokla*-Aufsatzes kritisierst du ja auch einen anarchistischen „Rechtsnihilismus"?

HENDRIK WALLAT: Gut, das sind jetzt eine Menge Fragen auf einmal. Daher der Reihe nach. Ich will ein paar Antworten geben, welche die von dir angedeuteten Widersprüche auflösen sollen 1. Während die BolschewistInnen in der Tat an die Allmacht des proletarischen Staates glaubten, taten dies die AnarchistInnen in einem ganz anderen, entgegengesetzten Sinne ebenfalls: sie stellten den Staat immer wieder abstrakt der Gesellschaft als Ursprung und Inbegriff jeder Herrschaft, Macht und Unterdrückung gegenüber. Sie fetischisierten den Staat zum negativen Prinzip, und fragten nicht mehr nach seinem Zusammenhang mit spezifischen gesellschaftlichen Voraussetzungen. 2. Ich bin der Letzte, der Foucault in seiner Machtontologie folgt, und die politische Form der Vermittlung kapitalistischer Gesellschaften auf Kräfteverhältnisse reduziert; und der Staat ist sicher auch kein quasi

---

Staatsfragen. Einführungen in die materialistische Staatskritik. S.10-17. Hier: S.17.

sekundäres Überbauphänomen, sondern basales Moment der kapitalistischen Totalität; ich kann Ingo Stützle nur zustimmen. Allerdings, und hier gibt es vom libertären Foucault viel zu lernen, wird man die verschiedenen Machtverhältnisse in der Gesellschaft, nicht allein vom Staat her begreifen, zumal wenn dieser als allmächtiges Zentrum dieser begriffen wird. Und eben das scheint mir beim negativen anarchistischen Staatsfetischismus tendenziell der Fall zu sein. 3. Dieser negative Staatsfetischismus ist zudem mit Vorstellungen vormoderner Herrschaft im Sinne direkter Gewalt, Repression und Ausbeutung verbunden. Das ist eben bei Rocker wie bei Lenin der Fall: Staat als Repressionsinstrument der Herrschenden. Rocker hat dabei fraglos gesehen, dass eine solche Institution nicht für emanzipatorische Ziele zweckentfremdet werden kann. Und sicherlich ist dies eine Einsicht in die Eigendynamik und -logik des Staates als Form von Herrschaft, deren „Anwendung" nicht im Belieben seines Personals steht; politischer Ausdruck von Herrschaft, der nicht zu ihrer Selbstaufhebung taugt. Damit ist aber keine tiefere Einsicht in die Formspezifik des *modernen* Staates verbunden. Nochmal: dieser ist nicht einfach eine Repressions- und Gewaltmaschine der Herrschenden. Diesbezüglich hatte der Anarchismus im Prinzip Lenin nichts voraus, bis auf die, fraglos, zentrale Einsicht, dass eine Organisation der Herrschaft, nicht deren Abschaffung betreiben wird. Was aber eben der spezifisch soziale Grund des Staates und seine bürgerlich-kapitalistische Form betrifft, hat der Anarchismus, soweit mir bekannt, diese nicht verstanden; dein Einspruch überzeugt mich jedenfalls nicht. 4. In Bezug auf die mir bisher nicht bekannten Äußerungen von Foucault zu Partei/Staat in der UdSSR, würde ich dir zustimmen: es war eine Verstaatlichung der Gesellschaft sondergleichen. Die Partei stand nicht neben dem Staat, sondern war Staatspartei. Und als solche war sie auch konzipiert: in der Tat die „Verkoppelung" eines staatsähnlichen Parteiapparats mit den alten Staatsstrukturen; Foucaults Äußerungen erinnern mich übrigens an die Analyse des Nationalsozialismus von Franz L. Neumann: der Nationalsozialismus als Staat zersetzende Bewegung, eine Partei die sich in und neben dem alten Staatsapparat etabliert und dessen partielle Rationalität vollends zerstört. Diese Frage, zudem noch mit vergleichendem Blick auf Stalinismus-Nationalsozialismus, genauer zu beantworten, führt mir an dieser Stelle aber zu weit; ein Thema für sich.

PHILIPPE KELLERMANN: Ich möchte deine Ausführungen erst einmal für eine Selbstkritik nutzen, denn, je mehr ich darüber nachdenke und zu verstehen versuche, scheint mir, dass meine Kritik an deinem *Prokla*-Aufsatz zumindest in einem Punkt nuancierter hätte ausfallen müssen: nämlich gerade in der Diskussion der Form des modernen Staates.[50] Wobei ich aber festhalten würde: Bei Marx liegt diese Vorstellung von Staatlichkeit meines Erachtens (ebenfalls?) nicht in der Art vor, wie du sie dort bei Marx angelegt siehst. Ob man methodisch aus Marx mehr herausholen kann, wäre die zentrale Frage, über die aber nicht vergessen werden sollte, dass Marx' ganze, vor allem gegen den Anarchismus gerichtete Politik(konzeption), und das heißt ein Großteil seiner Praxis und seiner theoretischen Aussagen zur Staatlichkeit, jedes Problembewusstsein dieser Form Staat vermissen lassen. Im Übrigen finde ich, wie du, Foucault durchaus gewinnbringend, nur: meiner Meinung schließt seine letztlich kulturrevolutionär ausgerichtete Konzeption, die ihn die „alltäglichen" oder sagen wir: „außerstaatlichen" Machtverhältnisse thematisieren lässt, mehr an eine anarchistische, als eine marxistische Tradition an.

Ich komme aber noch mal auf meine Frage nach dem „Rechtsnihilismus" des Anarchismus zurück. Könntest du dazu noch etwas sagen?

HENDRIK WALLAT: Was den Rechtsnihilismus betrifft, so meine ich damit Positionen, die einerseits zwischen vermittelten und unvermittelten Herrschafts- und Gewaltverhältnissen nicht unterscheiden und andererseits das bürgerliche Recht als bloßen Schein und geschicktes Mittel der Klassenknechtung denunzieren. Beide Annahmen verkennen die Spezifik moderner kapitalistischer Herrschaft und Vergesellschaftung. Sie sind aber nicht nur theoretisch verkehrt, sondern meines Erachtens auch politisch fatal. Um die krassesten Beispiele zu bringen, wohin einer solcher Rechtsnihilismus führt, sei nur an die Gleichsetzung von Kapitalismus und Faschismus erinnert oder an die Geringschätzung individueller Rechte im Staatssozialismus. Das sind natürlich nicht Früchte des

---

50 Rückblickend betrachtet hätte meiner Polemik auch eine etwas weniger aggressive Sprache gut getan. Umso erfreulicher ist es, dass wir heute – vor allem dank deiner freundlichen Reaktion seinerzeit – eine solche, gewinnbringende Diskussion führen können.

Anarchismus, sondern eine Stupidität, die vor allem dem bolschewisierten Kommunismus zu verdanken ist, der in Theorie und Praxis gerade im Bezug auf das Recht eine fatale Entwicklung in der Geschichte der Emanzipation darstellt. Auch wenn ich nach der Lektüre etwa eines umsichtig politisch urteilenden Anarchisten wie Rudolf Rocker hier keine pauschalen Aussagen mehr wage, bricht ein solcher Rechtsnihilismus aber auch immer wieder im anarchistischen Schriftgut durch; mir ist zudem keine anarchistische Theorie des modernen Rechts bekannt, die dessen innere Dialektik von „Gewalt und Gesetz" (F. Neumann), von Herrschaft und Freiheit erkannt hat. In Bezug auf einen krassen anarchistischen Rechtsnihilismus wäre etwa an die Weimarer Föderation kommunistischer Anarchisten Deutschlands zu denken, die zu einer ganz ähnlichen, politisch fatalen Fehleinschätzungen in Bezug auf das Verhältnis von Kapitalismus, Demokratie und Faschismus fand wie die verhassten Bolschewisten.[51]

PHILIPPE KELLERMANN: Die Frage des Rechts, bzw. der Rechts*form* scheint mir eine der kniffligsten Fragen zu sein, die sich einer emanzipatorischen Theorie stellt. Ich denke, ich kann dir zum Teil zustimmen, was deine Diagnose bezüglich der theoretischen Auseinandersetzung mit dem Gesetz im Anarchismus angeht. Nehmen wir beispielsweise Kropotkin, der vom „Doppelcharakter" des Gesetzes spricht, dessen Charakter in der „schlaue[n] Vermischung von, der Gesellschaft nützlichen Gebräuchen" bestehe, „welche kein Gesetz zu sein brauchen, um respektiert zu werden" und „anderen Gebräuchen, welche nur den Beherrschern von Nutzen, der Masse jedoch verderblich sind"[52]. Zentral aber scheint mir, dass es im Anarchismus – und dies unterscheidet ihn grundsätzlich vom Bolschewismus – keine Ablehnung dessen gibt, was die individuellen Freiheitsrechte zu schützen vorgeben (oder auch teilweise tun).[53] Die Kritik des Anarchismus am Gesetz hat ja zum großen

---

51 Ulrich Linse: ‚Die Transformation der Gesellschaft durch die anarchistische Weltanschauung. Zur Ideologie und Organisation anarchistischer Gruppen in der Weimarer Republik', in: *Archiv für Sozialgeschichte*. Band 11 (1971). S.289-372.

52 Peter Kropotkin: ‚Gesetz und Autorität' (1882), in: ders. *Worte eines Rebellen*. Reinbek, 1972. S.116-136. Hier: S.125.

53 Z.B. die Kritik des russischen Anarchisten Volin an den Bolschewiki, dass deren

Teil gerade das Einfordern individueller (und kollektiver) Freiheit zur Grundlage, welche durch die Gesetzesform und der mit ihr gegebenen Zwangsgewalt unmöglich gemacht wird. Aber auch das, was du als „politisch fatal" erwähnst, scheint mir sehr viel komplizierter zu sein. Was die FkAD (Föderation kommunistischer Anarchisten Deutschlands) betrifft, kann ich dazu nicht allzu viel sagen, die Ausführungen Linses machen auf mich aber einen etwas sehr polemischen Eindruck. Festzuhalten bleibt, denke ich – gerade in Bezug den aufsteigenden Faschismus der 1920er und 30er Jahre –, dass es nur die anarchistische Bewegung gewesen ist, nämlich diejenige Spaniens, die diesem vehement entgegengetreten ist. Und es wäre interessant der Frage nachzugehen, ob nicht gerade die vermeintlich rückständige theoretische Auffassung von Staat und Recht diesen Widerstand forcierte. Führt nicht die Rechtsformanalyse, indem sie „eine ideale kapitalistische Welt (…) logisch" voraussetzt[54], die einem „idealen Durchschnitt" oder „Begriff" entspricht und entsprechen muss, schnell zu einer Unterschätzung derjenigen Momente und Kräfte, die stets an der Vernichtung oder Einschränkung jener Rechtsform arbeiten?

Andererseits scheint mir dein Verweis auf Franz Neumann interessant. Denn dieser – ich folge hier den Ausführungen Sonja Buckels – leitet aus seiner Theorie des Rechts ja in den 1930er Jahren gerade eine reformistische Strategie ab[55], die letztlich auf der merkwürdigen Illusion zu beruhen schien, dass einmal „so etwas wie ein liberaler Rechtsstaat (…) mit einer herrschenden Schicht" zustand kommen würde, „die von der faschistischen Lösung zurückschreckte"[56]. Dagegen hat der italienische Anarchist Malatesta, der „keinen Zweifel daran" hatte, dass die „schlimmste Demokratie der besten Diktatur stets vorzuziehen" sei, betont: „Wir sind nicht für die Demokratie, unter anderem deshalb,

---

Gesetzgebung noch restriktiver als die in privatkapitalistischen Ländern sei (Volin: *Die unbekannte Revolution*. Band 2 (1947). Hamburg, 1976. S.55ff.).

54 Sonja Buckel: *Subjektivierung und Kohäsion. Zur Rekonstruktion einer materialistischen Theorie des Rechts*. Weilerswist, 2007. S.127.

55 Ebd. S.82ff.

56 Rolf Wiggerhaus zitiert nach Sonja Buckel: *Subjektivierung und Kohäsion. Zur Rekonstruktion einer materialistischen Theorie des Rechts*. Weilerswist, 2007. S.84.

weil sie früher oder später zu Krieg und Diktatur führt".⁵⁷ Übrig bleibt dann der Widerstand gegen jede Form der Herrschaft, was nicht heißt, dass man nicht mit dem „geringeren Übel" taktische Allianzen eingehen kann, so wie viele AnarchistInnen an der Seite der Alliierten gegen den Nazismus kämpften.⁵⁸ Jedenfalls haben wir hier ein wichtiges Problem am Wickel, das ausführlicher diskutiert werden müsste.

Ich will nun aber endlich den Hinweis aufgreifen, den du zu Anfang unseres Gespräches gemacht hast, als du Probleme im Denken von Marx erwähntest, die sich in Bezug auf die „Fragen von Politik und Moral" ergeben hätten. In einem Aufsatzmanuskript, in dem du dich mit „Facetten libertärer Marx(ismus)kritik" beschäftigst, schreibst du, „dass es dem Marxismus an einem emphatischen Begriff praktischer Freiheit mangelt" und dass „das Individuum als ‚Prüfstein der Freiheit' (Adorno) einer Wahrheit geopfert" wurde, „die sich als gewaltgestützte Lüge entpuppte".⁵⁹ Welche Rolle spielt deiner Meinung nach Moral – und was für eine Moral – für den Prozess der Emanzipation? Und wie würdest du die (unterschiedliche?) Behandlung der Moralfrage in Marxismus und Anarchismus skizzieren?

HENDRIK WALLAT: Noch einmal kurz zum Recht: Genau das ist das Fatale am Bolschewismus, dass er einerseits das Recht, weil es in der Tat Mittel und Form von Herrschaft ist, mit Gewalt gleichsetzte, und andererseits den bürgerlichen Charakter von Freiheit dahingehend interpretierte, dass sie reiner Trug sei. Freiheit wurde daher, gerade auch die individuelle, abstrakt negiert; sie sei nichts als bürgerliche Lüge. Diesen anti-individualistischen und freiheitsverachtenden Aspekt des Bolschewismus haben die AnarchistInnen erkannt und kritisiert; vor allem Rudolf Rocker hat ihn in den Mittelpunkt seiner Kritik gestellt. Es stimmt,

---

57 Errico Malatesta: ‚Demokratie und Anarchismus' (1924), in: ders. *Gesammelte Schriften*. Band 2. Berlin, 1980. S.180.

58 Sam Dolgoff. *Anarchistische Fragmente. Memoiren eines amerikanischen Anarchosyndikalisten*. Lich, 2011. S.121. Dolgoff erwähnt dort auch sein Unverständnis gegenüber manchen, vermeintlich ‚reinen' AnarchistInnen, denen es anscheinend „egal" war, „ob die Faschisten oder die Demokratien" siegten.

59 Hendrik Wallat: *Wissenschaft, Geschichte, Terror – Facetten libertärer Marx(ismus)kritik*. Unveröffentlichtes Manuskript (2011).

dass der Anarchismus seine Rechtskritik nicht hat umschlagen lassen in die Negation der Freiheit selbst. Und da stimme ich dir zu: das ist entscheidend. Die Dialektik der Rechtsform, die den Schein erzeugen kann, dass Macht vollkommen in Recht übergegangen sei, und Gewalt aus Politik, Wirtschaft und Gesellschaft verschwunden sei, ist in der Tat kompliziert. Ich bin an anderer Stelle der Frage, ob der Herrschaft des Gesetzes nicht immanent immer schon die Möglichkeit ihrer eigenen Suspension innewohnt, ausführlich nachgegangen.[60] Auch wenn ich es hier nicht weiter begründen kann: ein Legalismus und ein Verlassen auf die Staatsgewalt ist theoretischer und praktischer Widersinn; man wirft sich in die Arme desjenigen, das einen, wenn es drauf ankommt, zu verschlingen droht. Franz Neumann kann man übrigens sicherlich zu den Reformisten zählen, aber nicht zu denen, die Illusionen hatten: das Politik nicht in Recht auflösbar ist, und das dieses nicht ohne ein irrationales Gewaltmoment zu haben ist, dass sich im Staat institutionalisiert und sich von dort aus verselbstständigen kann, war gerade ihm klar. Auch wenn Neumann über keine Formanalyse des Rechts verfügt, kann man bezüglich der dialektischen Einheit von Gesetz und Gewalt m.E. von ihm noch heute viel lernen; nicht zuletzt weil er selbst wiederum nicht wenig von Max Weber gelernt hat.

Doch nun zur Moral: Streng genommen gibt es im Marxismus keine eigenständige Moralphilosophie, und auch keine Theorie des Politischen als Inbegriff der Praxis der Freiheit. Dass dies ein echtes Problem ist, das zudem nicht zufällig auftritt, haben zwei der wichtigsten libertären Denker, Isaak Steinberg und Albert Camus, aufgedeckt. Fragen der Subjektivität spielen im Anarchismus eine sehr viel bedeutendere Rolle, wobei hier Anknüpfungspunkte an die beiden moralphilosophischen Antipoden Kant und Nietzsche eine Rolle spielen (können). Die beiden Philosophen geben auch Hinweise auf die Bedeutung der Moral für die Emanzipation: ist dem einen die Moral Ausdruck von autonomer Freiheit, ist sie dem anderen eine unbewusste Form von Herrschaft und internalisierter Zwang. Meines Erachtens ist es Adorno, der wie

---

60 Hendrik Wallat: ‚Die Herrschaft des Rechts und ihre Suspension. Ein Beitrag zur politischen Philosophie des Rechts(staats)', in: Ingo Elbe/Sven Ellmers (Hg.). *Anonyme Herrschaft. Zur Struktur moderner Machtverhältnisse. Eigentum, Gesellschaftsvertrag, Staat III*. Münster, 2012 (im Erscheinen).

kein anderer diese beiden Dimensionen zusammen denkt, und, entgegen dem Gerücht, politisch wendet. Christine Zunke hat jüngst in einem sehr prägnanten Aufsatz deutlich gemacht, wieso ein vernünftiger Automoniebegriff Bedingung einer überzeugenden Gesellschaftskritik ist.[61] Sie grenzt dabei auch präzise den Begriff einer Moral, die auf der Allgemeinheit der Vernunft und der Freiheit des Menschen gründet, ab, von den heteronomen Gestalten der Sittlichkeit, die Nietzsche, Freud oder auch Foucault in ihren Moral- und Machttheorien vor Augen haben. Ein solcher auf Kant zurückgehender Moralbegriff scheint auch mir zentral zur Begründung der Kritik von Herrschaft; und er bildet m.E. auch den Hintergrund der Marxschen Kritik, die sich freilich darüber kaum Rechenschaft gibt. Wenn ich darin auch Zunke zustimme, teile ich allerdings nicht ihren emphatischen Kantianismus, der dessen herrschaftsförmige Aspekte, insbesondere in Bezug auf die Natur-Geist-Dualität, vernachlässigt. Ich denke, man muss hier mit Adorno (und Nietzsche) einen Schritt weiter gehen und die Dialektik von Moral und Vernunft stärker betonen, um diese gleichsam vor sich selbst zu retten; auch dies habe ich an anderer Stelle in Hinblick auf einen posthumanistischen Menschheitsbegriff bei Adorno zu zeigen versucht.[62] Zentraler aber noch ist, dass politische Philosophie und Theorie nicht durch Moralphilosophie ersetzbar sind. Die Moral, zumindest dies ist an Hegels ziemlich ambivalenter Kantkritik richtig, bleibt als subjektivistische abstrakt. Die Praxis des Besonderen ist bezogen und vermittelt durch das Allgemeine. Moralphilosophie muss daher, wie Adorno sagt, politische Philosophie werden. Moralisches Handeln setzt moralische Verhältnisse voraus; der Kantsche Autonomiebegriff wird zum Index des Falschen, welches das moralische Selbstbewusstsein notwendig zerreißt. Reine Moral ist daher so unmoralisch wie keine. Die Aporie emanzipatorischer Politik ist darin begründet, dass sie die erstrebte Freiheit auf dem Boden der Herrschaft errichten muss, dass die Bedingungen ihrer Ver-

---

61 Christine Zunke: ‚Es gibt nur einen vernünftigen Grund, Freiheit gesellschaftlich verwirklichen zu wollen: Moral', in: Ingo Elbe/Sven Ellmers (Hg.): *Die Moral in der Kritik. Ethik als Grundlage und Gegenstand kritischer Gesellschaftstheorie.* Würzburg, 2011. S.11-37.

62 Hendrik Wallat: ‚Die Tiere als Hüter der Menschlichkeit', in: *Zeitschrift für kritische Theorie.* Nummer 32/33 (2011). S.176-199.

wirklichung heteronom sind und die Praxis restringieren. Aus dieser Aporie gibt es keinen Ausweg. Eine deontologische politische Ethik, die, um der Reinheit des Gewissens willen, sich nicht die Hände schmutzig machen will, tendiert dazu eine unmoralische Moral zu werden, da sie die fremdbestimmten schlechten Ausgangsbedingungen zwar flieht, deren Unmoral damit aber bestehen lässt. Eine moralische Unmoral, die ihre Mittel durch den Zweck geheiligt wähnt und diese konsequentualistisch abwägt, ist hingegen an sich immer schon mit dem Problem konfrontiert, zu reproduzieren, was *ex negativo* den Handlungsimpuls auslöste. Die dem politischen Handeln inhärierende moralische Aporie, die Ausdruck der Verhältnisse selbst ist, lässt sich folglich abstrakt nicht lösen, sondern nur bewusst machen. Dass dies der Fall ist, und die Tragik radikaler Praxis ausmacht, habe ich nicht zuletzt von Camus und Steinberg gelernt; welche philosophische Vertracktheit diesen Fragen zukommt von Adorno.

PHILIPPE KELLERMANN: Zwar gäbe es noch vieles zu besprechen und zu diskutieren, aber irgendwann muss dann leider auch mal Schluss sein. Ich komme deshalb zu meiner Abschlussfrage: In der *Rivoluzione Sociale*, Zeitschrift der sich als anarchistisch verstehenden italienischen Föderation der Ersten Internationale, erklärte man in Richtung der MarxistInnen: „Im Messen unserer Kräfte erwarten wir die Revolution: Möge sie über *Autoritäre* und *Anarchisten* urteilen"[63] Wie würdest du – selbstverständlich nur schematisch und allgemein – die Geschichte, Erfolge und Niederlagen der sozialistischen Bewegung(en) resümieren? Und was kann hieraus für die Gegenwart gelernt werden?

HENDRIK WALLAT: Ich würde zwei Aspekte unterscheiden: zum einen ist das Projekt einer autoritären staatssozialistischen und industriefetischistischen Modernisierung komplett gescheitert, und zwar nicht primär aufgrund externer Faktoren, sondern immanent und folgerichtig. Da hilft keine Ausrede weiter, kein Verweis auf die Verbrechen von Kapitalismus, Imperialismus und Faschismus als indirekte Apologie der selbstverschuldeten Katastrophe. Ich habe schon mal dafür plädiert,

---

63 Rivoluzione Sociale: ‚Der Haager Kongress' (1872), in: Michael Bakunin. *Konflikt mit Marx. Teil 2: Texte und Briefe ab 1871*. Berlin, 2011. S.867-876. Hier: S.875f.

Kolyma im linken Geschichtsbewusstsein neben Auschwitz zu stellen[64]: nicht weil sie totalitäre Zwillinge sind, sondern weil auch Kolyma beispielhaft für eine welthistorische Katastrophe steht – für die zynische Selbstzerstörung der Emanzipation. Das hat wie Auschwitz geschichtsphilosophische Aspekte, vor denen sich die (marxistische) Linke bis heute drückt. Von den Nazis war nichts anderes als Vernichtung zu erwarten. Dass diese aber auch im Namen der Befreiung wütete, ist der eigentliche Skandal, den Camus bereits 1951 benannte: „Es ist nicht richtig, die Ziele des Faschismus und des russischen Kommunismus einander gleichzusetzen. Ersterer stellt die Verherrlichung des Henkers durch den Henker dar, letzterer die viel dramatischere Verherrlichung des Henkers durch die Opfer. Der erstere hat nie davon geträumt, den ganzen Menschen zu befreien, sondern nur davon, einige zu befreien durch die Unterjochung der andern. Der letztere strebt in seinem tiefsten Prinzip danach, alle Menschen zu befreien, indem er sie vorübergehend knechtet." Und Camus schreibt weiter, was unsere letzte Frage noch einmal berührt: „Man muß seiner Absicht Größe zusprechen. Allein es ist richtig, beider Mittel mit dem politischen Zynismus zu identifizieren, den sie beide an der gleichen Quelle: dem moralischen Nihilismus geschöpft haben."[65]

Zum anderen war die ArbeiterInnenbewegung vor dem Sieg ihres autoritären Flügels und der faschistischen Konterrevolution die bedeutendste soziale Bewegung der Weltgeschichte. Sie war nicht nur sehr plural und kämpferisch, sondern ist auch ein bleibendes beeindruckendes Vorbild für die Kräfte der Selbstorganisation. Ich denke dabei nicht an die entstehenden Parteiapparate, sondern an selbst organisierte Arbeitskämpfe oder die Arbeiterbildung, deren Ehrgeiz wirklich erstaunlich ist. Wenn wir Heutigen auch, durch den Verlauf der Geschichte „belehrt", wissen, was alles schief gegangen ist, so ist das in Anbetracht der Dürftigkeit unserer Zeit kein Grund zur Überlegenheit: im Gegensatz zur historischen ArbeiterInnenbewegung fehlt uns heute komplett die Erfahrung revolutionärer Praxis; 1. Mai Demonstrationen, die sich

---

64 Hendrik Wallat: ‚Auschwitz und Kolyma. Anmerkungen zum kommunistischen Geschichtsbewusstsein', in: *Phase 2. Zeitschrift gegen die Realität*. Nummer 32 (2009). S.43-45.

65 Albert Camus: *Der Mensch in der Revolte. Essays* (1951). Reinbek, 2009. S.277f.

auf diese berufen, sind nur spektakuläre Simulationen von etwas, was eine ganz andere Bewegung voraussetzt. Ob diese wieder zu entstehen fähig ist, bleibt, da die Geschichte nicht zu Ende ist, zumindest offen.

PHILIPPE KELLERMANN: Dann danke ich dir vielmals für dieses interessante Gespräch.